EINBLICKE IN DAS LEBEN ZWISCHEN LEBEN

DIE SEELE ERFORSCHEN

ANDY TOMLINSON

from the heart press

Publiziert von *From the Heart Press*
Website: www.fromtheheartpress.com

Erste Original Publikation *O Books,* 2007
Zweite Auflage: *From the Heart Press,* 2012

Text copyright: Andy Tomlinson
ISBN: 978-0-9929248-8-1

Alle Rechte vorbehalten. Mit Ausnahme von kurzen Zitaten in Artikeln und Besprechungen darf kein Teil dieses Buches ohne vorherige schriftliche Genehmigung des Herausgebers publiziert werden,
Die Autorenrechte von Andy Tomlinson als Autor sind durch das Copyright, Designs and Patents Act 1988 geschützt.
Aus dem Englischen übersetzt von Dr. Karin Maier-Heinle.

Weitere Informationen über Andy Tomlinson und Regressions-Therapien sind auf seiner Website zu finden: www.regressionacademy.com.

Design: Ashleigh Hanson, Email: hansonashleigh@hotmail.com

Inhaltsverzeichnis

VORWORT	1
EINFÜHRUNG	**3**
Die Grundlagen legen	3
Verlässlichkeit des Materials über Zwischenleben	6
Der Ablauf einer LZL-Sitzung	8
Forschung in der Zwischenleben-Regression	10
Die Aufbereitung der Protokolle	13
1 DEM LICHT ENTGEGEN	**15**
Die drei Ebenen	17
Den Körper verlassen	19
Willkommens-Feiern	24
Der Tunnel	29
2 HEILUNG FINDEN	**33**
Heilung	33
Ablegen von Schichten	39
Traumata verarbeiten	50
Besondere Ruheorte	55
Seelenenergie erneuern	56
3 BESPRECHEN DER VORLEBEN	**61**
Perspektive der Seele	62
In Ruhe nachdenken	63
Rückblick mit dem geistigen Lehrer	66
Die Bibliothek der Lebensbücher	70
Besprechung mit dem Ältestenrat	78
4 SEELENGRUPPEN	**89**
Seelengefährten	91
Seelen-Erfahrungen	97
Gruppendynamik	99
Geistige Lehrer	102

5 SPEZIELLE AKTIVITÄTEN — 105
Heiler, Führer und Lehrer — 106
Intellektuelle Betätigungen — 110
Energiearbeit — 115

6 PLANUNG DES NÄCHSTEN LEBENS — 121
Gemeinsame Lebensplanung — 122
Lebens-Vorschau — 126
Vorschau bei mehrfachen Lebensmöglichkeiten — 132
Mit den Ältesten planen — 143
Wiederholungen, Erinnerungen und Trigger — 151

7 KARMISCH DYNAMISCHE KRÄFTE — 159
Lernen, Erfahrung und Wachstum — 159
Der freie Wille und seine Bedeutung — 162
Lektionen für Emotionen und spezielle Fähigkeiten — 164
Altruistische Leben — 167

8 VORBEREITUNG ZUR INKARNATION — 169
Die Auswahl der Energien, Gefühle und Stärken — 169
Letzte Vorbereitungen und Schichten anlegen — 179
Verschmelzung mit dem Körper — 184
Der Schleier der Amnesie — 188

9 FAZIT — 191
Führung und Unterstützung — 191
Rückmeldungen von Klienten — 193
Abschließende Gedanken — 196

Anhang — 199
Die Geschichte der Zwischenlebenforschung — 199
Studien Details — 202
Verwendete Fragen für die Rückmeldung — 204
Vergleich Inhalte der Zwischenleben-Literatur — 205
GLOSSAR — 207
QUELLENANGABE UND REFERENZEN — 213
BIBLIOGRAPHIE — 216
INDEX — 219
INFORMATION ZUM AUTOR — 221

Vorwort

Ich bin seit 10 Jahren Therapeut für Regressionen und Vorleben und kann sagen, dass ich Hunderten von Patienten geholfen habe verschiedenste psychologische Probleme zu lösen, einschließlich das Thema Tod und Sterben.

2003 begegneten mir zum ersten Mal Pioniere meines Fachgebietes, die ihre Klienten über den Tod hinaus in ein Leben zwischen Leben begleitet haben, und sie inspirierten mich selbst ein Leben-zwischen-Leben-Therapeut zu werden.

In meinem ersten Buch „Die Seele heilen", das 2006 veröffentlicht wurde, war bereits ein Kapitel über die LZL-Therapie enthalten. Schon als ich dieses Kapitel schrieb wusste ich, dass ich dieses Thema in einem weiteren Buch aufarbeiten wollte. Ich erzählte meinem Kollegen Ian Lawton, der soeben ein Buch mit dem Titel „Book of the Soul" veröffentlicht hatte von dieser Idee. Wir beschlossen daraufhin für diesen Zweck zusammenzuarbeiten. Ian würde seine analytischen Fähigkeiten einsetzen und Recherche betreiben und ich würde die Sitzungen für dieses Projekt durchführen. Als wir unser Projekt weiterbetrieben, stellten wir fest, dass aus der Arbeit am besten zwei Bücher entstehen sollten da sich die Leser unserer Bücher doch deutlich unterscheiden.

   Dies ist das erste Buch aus diesem Projekt. Es enthält die einzigartigen Erfahrungen die Menschen wie Du und ich in einer LZL-Sitzung machen können. Es beschreibt und erforscht die unglaublich komplexe Welt des Zwischenlebens, das uns alle nach unserem Tod erwartet. Mit jeder dokumentierten Sitzung erfahren wir mehr über dieses unbekannte Land und verstehen es wieder ein kleines bisschen besser. Ian hat mir dabei geholfen die Niederschriften zu editieren und das grobe Gerüst dieses Buches mit erarbeitet, wofür ich ihm sehr dankbar bin.

Die Erforschung wurde auch deshalb vorangetrieben weil systematisch vorab entwickelte Fragen aus vielen Bereichen an alle Energiewesen gestellt wurden, mit denen die Probanden während ihrer LZL-Sitzungen in Berührung kamen. Neue Techniken mussten entwickelt werden um dieses unglaublich komplexe und vielfältige Wissen abzurufen. Die technische Seite dieses Projektes wurde von Ian in seinem Buch „Wisdom of the Soul" beschrieben.

Ich möchte mich bei all meinen Probanden dafür bedanken, dass sie dieser Arbeit so viel von ihrer Zeit und ihren Ressourcen gewidmet haben. Sie zeigten großen Mut und Selbstlosigkeit nicht zuletzt auch deshalb weil sie so höchst persönliche Erfahrungen mit so vielen anderen Menschen teilen und dafür bin ich ihnen zutiefst dankbar.

Ich danke Liz Swanson sehr herzlich für die anstrengende Arbeit des Übertragens der Sitzungen auf Papier.

Ich danke meiner Kollegin Dr. Karin Maier-Heinle sehr herzlich für die Übersetzung meines Buches ins Deutsche damit noch viele weitere Menschen unsere Arbeit kennenlernen können.

Wenn dieses Buch die Leser dazu anregt selbst das Leben-zwischen-Leben erforschen zu wollen, dann finden Sie eine Liste zertifizierter Therapeuten auf dieser Website:

www.spiritual-regression-therapy-association.com.

EINFÜHRUNG

*Ich möchte wissen, was aus Deinem Inneren Dich stützen
wird, wenn alles andere verloren geht.
Ich möchte wissen ob Du alleine sein kannst,
und ob Du Dich gut erträgst in diesen leeren Momenten
Mountain Dreamer, Oriah Indianer, Ältester.*

Die Grundlagen legen

Die Vorstellung dass jeder von uns bereits gelebt hat, ist nicht mehr außergewöhnlich, und immer mehr Menschen haben bereits ihre eigenen Erfahrungen mit Vorleben gemacht. Viele Therapeuten die Rückführungen zu Vorleben anbieten, arbeiten mit Hypnose, da dieses Verfahren eine rasche Erinnerung aus Vorleben ins Bewusstsein ermöglicht und die Erinnerungen oft mit erstaunlicher Klarheit erlebt werden.

Skeptiker führen diese Erinnerungen aus Vorleben auf die Fähigkeit der Menschen zurück sich eine glaubhafte Geschichte ausdenken zu können, und führen an, dass diese Erinnerungen sich vermutlich im Laufe des Lebens als unzusammenhängende Informationen im Gehirn angesammelt hätten. Sie weisen auch auf Ungereimtheiten dieser Erinnerungen hin, was sie als Beweis dafür ansehen, dass diese Erinnerungen nicht Vorleben entsprechen können.

Das ist eine recht simple Taktik um eine komplexe Methode abzuwerten.

Es gibt eine ganze Reihe von Gründen, die dafür sprechen Erinnerungen aus Vorleben ernst zu nehmen.

Eine beachtliche Anzahl unabhängiger Fälle ist gründlich recherchiert und veröffentlicht worden, in denen Menschen sich an Informationen erinnern konnten, die sich als zutreffend herausstellten. Viele dieser Informationen waren extrem detailliert und oftmals durchaus bizarr, so dass es unwahrscheinlich ist, dass das Wissen über bestimmte Verhaltensweisen oder Eigenarten einer Epoche auf dem üblichen Weg der Informationsbeschaffung zu erhalten war. Zudem wurden diese Fälle gründlich untersucht und es konnte kein Hinweis erbracht werden, dass vorsätzlich getäuscht worden war. Die meisten Regressions-Therapeuten halten sich an einen Verhaltenskodex und arbeiten sehr professionell. Einige der Skeptiker meinen unterstellen zu müssen, dass Regressions-Therapeuten generell unprofessionell wären und ihren Klienten suggestive Fragen stellen würden, da es ihnen nur um die Bestätigung ihres eigenen Glaubens an die Reinkarnation ginge. Lassen Sie uns einen Blick auf die Pioniere der Regressions-Therapie werfen. Viele der Begründer der Regressionstherapie in den 60er und frühen 70er Jahren waren ausgebildete Psychotherapeuten und Psychiater, wie die US-Amerikaner Michael Newton, Morris Netherton, Edith Fiore, Helen Wambach und Brian Weiss. Hinzu kommen der Brite Roger Woolger, der Kanadier Joel Whitton, der Australier Peter Ramster und Hans TenDam aus den Niederlanden. Nahezu alle beschritten den gleichen Weg während sie ihr Studium absolvierten. Sie wurden zu Atheisten und benutzten die konventionelle Hypnose, die sie im Rahmen ihrer Ausbildung erlernt hatten, um ihre Klienten zu Kindheitserinnerungen zurück zu führen. Während dieser Hypnosen gelangten sie durch bestimmte, in der Regel ähnlich lautende Kommandos in Vorleben der Klienten und erzielten hervorragende therapeutische Ergebnisse durch diese „Versehen". Einige der Klienten, die auf keine der etablierten Therapien angesprochen hatten und jahrelange Krankheitsverläufe hinter sich hatten, genasen oder erlebten nach nur einigen Sitzungen dramatische Verbesserungen ihres Zustandes. Die Ergebnisse

Einführung

überzeugten alle Pioniere von der Authentizität der Erlebnisse ihrer Klienten während der Trance.

Skeptiker erzählen ebenfalls gerne, dass sich die Menschen nur an Vorleben erinnern würden in denen sie reich und berühmt waren, weil dies ihrem Ego entgegen käme. Nichts könnte weiter von der Wahrheit entfernt sein. In der Regel erinnern sich Menschen in Trance an sehr unspektakuläre Leben als ganz normale Menschen während verschiedener Epochen unserer Geschichte. In einigen Fällen sind die Leben hässlich, brutal und kurz, andere scheinen für den Außenstehenden völlig unspektakulär zu sein. Für den Klienten jedoch ist das Vorleben, das er/sie erlebt häufig wegweisend. Oftmals wird eine große Fülle an Emotionen erlebt, auch Angst, Ärger und Traurigkeit, was der Behauptung entgegen steht, dass diese Vorleben nur schöne Phantasien wären, die die Klienten erfinden.

Ein anderes Forschungsgebiet in Bezug auf Vorleben wurde von Prof. Ian Stevenson und seinen Mitarbeitern an der Universität in Virginia über viele Jahrzehnte durchgeführt. Tausende Fälle von Kindern, die sich spontan an Vorleben erinnern konnten, wurden systematisch aufgearbeitet, untersucht und konnten zum großen Teil bestätigt werden. Häufig waren die Informationen so speziell, dass keine andere Erklärung als Reinkarnation in Frage kam. Beispielsweise konnte in einem Fall ein 5-jähriges Kind 49 sehr spezifische Details erinnern, die später von jeweils mindestens zwei unabhängigen Zeugen, die die Person des Vorlebens kannten, bestätigt wurden. Die Forschung von Prof. Stevenson und anderen Forschern aus den letzten Jahrzehnten liefern überzeugende Beweise dafür dass Reinkarnation tatsächlich existiert

Verlässlichkeit des Materials über Zwischenleben

Die auf der Hand liegende Frage ist natürlich was geschieht zwischen den Leben? Während einer Leben-zwischen-Leben-Regression berichten die Klienten von einem Gefühl der Anziehung zu einem Licht hin, das nach dem Verlassen des Körpers bemerkbar wird, wenn sie bereit sind den toten Körper zurück zu lassen. Sowohl ein Zurücksehen zum Ort des Todes als auch ein sofortiges rasches Hinbewegen zum Licht werden etwa gleich häufig beschrieben. Wenn der Tod traumatisch war, beispielsweise in einem Kampf oder nach einem gewaltsamen Tod, sind viele der harten Erinnerungen noch vorhanden. Heilung und Erholung werden erst auf einer höheren Ebene erfahren. Ebenfalls zu einem anderen Zeitpunkt während des Zwischenlebens wird das vergangene Leben, meist mit dem geistigen Lehrer, besprochen. Der geistige Lehrer ist eine weiterentwickelte Seele, die das gelebte Leben mit überwacht hat.

Zu unterschiedlichen Zeitpunkten der Regression berichten die Klienten über ein Treffen mit ihrer Seelengruppe. Mehrere Seelen arbeiten zusammen für Ziele oder grundlegende Erfahrungen und reinkarnieren häufig gemeinsam um bestimmte, für die Gruppe wichtige Themen zu bearbeiten. Einer der Höhepunkte der Regression ist das Treffen mit dem Ältestenrat. Dieser Rat besteht aus Seelen die ein so hohes Maß an Erfahrung und Weisheit erreicht haben, dass sie nicht mehr selbst inkarnieren. Sie begutachten den Fortschritt den die Seele, die ihnen gegenübersteht, erzielt hat. Es werden verschiedene Aspekte des vergangenen Lebens besprochen und eine Übereinkunft über wichtige Erfahrungen, die ein künftiges Leben enthalten sollte, getroffen. Die Besprechungen finden in einer Atmosphäre der

Einführung

Liebe, des Mitgefühls und Verständnisses statt, und jede Seele hat an diesem Gespräch großen Anteil.

Wie verlässlich sind die Informationen, die die Klienten erhalten? Zwischenleben-Regressionen werden seit etwa 20 Jahren durchgeführt. Viele Erkenntnisse wurden in den letzten 10 Jahren neu bewertet und etliche Methoden sind während dieses Zeitraums weiter entwickelt worden. (Die Entwicklung der Leben-zwischen-Leben-Regressionen wird im Anhang nochmals ausführlich dargestellt). Die bekanntesten Pioniere der LBL-Regression sind Joel Whitton, Helen Wambach, Dolores Cannon, Peter Ramster und Michael Newton. Viele von ihnen stolperten gewissermaßen per Zufall in das Zwischenleben durch Kommandos, die von ihren sonst gebräuchlichen Kommandos abwichen während sie eine Regression in ein Vorleben oder in die Vergangenheit des derzeitigen Lebens mit Klienten durchführten. Zu ihrem Erstaunen fanden sie sich in einem Zwischenleben wieder und ihre Klienten konnten von Seelenerinnerungen berichten, die sonst nicht zugänglich sind. Tausende Klienten haben mittlerweile mit Hilfe dieser Pioniere und der von ihnen ausgebildeten Therapeuten eigene Erfahrungen mit ihrem Leben zwischen den Leben sammeln können. Berichte aus dem Zwischenleben sind erstaunlich einheitlich obwohl die meisten der Klienten kein oder wenig Vorwissen über eine Existenz zwischen den Leben hatten.

Ihre Glaubensrichtung war völlig unterschiedlich, von Atheismus bis zu allen großen Weltreligionen, und diese Erkenntnis ist wirklich wichtig. Es scheint völlig nebensächlich zu sein woran der Klient im gegenwärtigen Leben glaubt; die zuvor geäußerten Überzeugungen führten nicht zu einem anderen Erleben des Zwischenlebens.

Es ist durchaus wichtig darüber zu diskutieren ob eine subjektive Art der Fragestellung durch die Pioniere oder praktizierende Therapeuten zu den in den Grundzügen ähnlichen

Erlebnissen in der fünften Dimension führt. Die hier aufgeführten Auszüge aus den Sitzungen, die in diesem Buch verwandt werden, geben daher Aufschluss über die Art und Weise der zu stellenden, immer offen gehaltenen Fragen. Wenn Menschen unter Hypnose stehen antworten sie sehr direkt, fast wie ein Computerprogramm, auf gestellte Fragen, was bedeutet, dass der Klient auch nur auf die Frage antwortet, die er/sie gestellt bekommt. Absichtliche Täuschung ist infolgedessen nicht möglich, es sei denn der Klient ist nicht in einem Trance-Zustand und das würde ein erfahrener Therapeut sehr schnell erkennen. Während einer tiefen Trance ist es nicht möglich den Klienten per Befehl einfach irgendwohin zu schicken. Es muss im Klienten selbst eine Information zu diesem Befehl vorhanden sein, auf die er reagieren kann. In der Regel ist diese Information oder vieles an dieser Information für den Klienten neu, nimmt aber einen sehr direkten Bezug zu Vorkommnissen im (Vor-)Leben des Klienten.

Die Berichte über das Zwischenleben sind in vieler Hinsicht sehr homogen obwohl mittlerweile Sitzungen von Tausenden von Klienten vorliegen. Eine der Stärken dieser Therapie ist die Konstanz der Erzählungen obwohl die Klienten aus allen möglichen Schichten der Gesellschaft und allen möglichen Ethnizitäten oder Religionen stammen. Die meisten der Klienten sind am Ende der Sitzung davon überzeugt noch nie eine tiefere Quelle der Weisheit in ihrem Leben erlebt zu haben.

Der Ablauf einer LZL-Sitzung

Die verwendeten Techniken werden in meinem Buch „Die Seele heilen" genau beschrieben. Trotzdem möchte ich den Vorgang und Ablauf einer Sitzung hier nochmals zusammenfassen. Hypnose ist schon sehr lange eine Methode um Vorleben abzurufen. Dafür ist es nicht erforderlich eine sehr tiefe Trance zu erreichen und die Induktionen oder Meditationstechniken sind

Einführung

eher kurz und relativ einfach. Um eine Leben-zwischen-Leben Regression durchführen zu können, muss ein Theta-Zustand der Gehirnwellenaktivität erreicht werden, ähnlich dem kurzen Zeitraum, den wir erleben bevor wir einschlafen. Auf diesem Level ist das Bewusstsein des Klienten inaktiv und ihre Intuition ermöglicht ihnen Zwischenleben-Erinnerungen abzurufen. Es hat sich bewährt die Ebene dieser abrufbaren Erinnerungen über ein zuvor vollendetes Vorleben zu erreichen, und den Klienten währenddessen in tiefere Trance zu versetzen.

Ein ausgebildeter Therapeut muss erlernt haben die Trancetiefe einzuschätzen, und obwohl es keine messbaren Parameter gibt, gibt es doch eindeutige physische Hinweise. Wenn ein Klient tiefer in Trance geht verlangsamt sich die Blutzirkulation und die Atmung wird flacher. Die Antworten kommen etwas verspätet und die Fragen werden sehr direkt und unmittelbar auf die gestellte Frage ausgerichtet beantwortet. Während des Sprechens geht etwas an Trancetiefe verloren. Dies scheint jedoch nicht wirklich problematisch zu sein sobald die Verbindung zu den Zwischenleben-Erinnerungen etabliert wurde, und die Trancetiefe variiert. Es ist möglich die nötige Tiefe mit verschiedenen die Trance vertiefenden Methoden wieder zu erreichen. Entscheidend ist, dass der Therapeut rechtzeitig erkennt, dass der Klient die intuitive Verbindung verliert und zum Wach-Bewusstsein zurückkehrt. Unter anderem sind die unmittelbare Art zu antworten, der Klang der Stimme und die Verzögerung bei den Antworten ein guter Messparameter der Trancetiefe. In seltenen Fällen wird der Therapeut die Sitzung beenden wenn eine erneute Vertiefung der Trance nicht erfolgreich ist.

Etwa 15% der Bevölkerung sind trotz korrekter Induktion und guter äußerer Bedingungen nicht fähig eine tiefe Trance zuzulassen, bei dieser Gruppe ist eine Leben-zwischen-Leben-Sitzung nicht möglich. Manche dieser Klienten üben mittels CDs und anderer Formen der Entspannung verschiedene leichte Trancezustände zu erreichen und können schließlich doch in eine Trance begleitet werden. Bei anderen treten psychische Probleme auf, die bearbeitet werden müssen, bevor eine Trance erfolgreich etabliert werden kann. Von einer höheren Warte aus betrachtet kann es auch vorkommen, dass das Bewusstsein des Klienten oder der geistige Lehrer die Trance verhindert um ein erfolgreiches Bearbeiten eines aktuellen Problems ohne zusätzliche Hilfe zu ermöglichen, oder weil die Zeit für mehr Informationen noch nicht reif ist. Zu viele Informationen würden möglicherweise den freien Willen in bestimmten Situationen blockieren oder behindern und damit den Lernerfolg durch verschiedene Prüfungen oder Herausforderungen im Leben verändern oder sogar verhindern. Diese Erfahrung fand sich häufiger bei jungen Menschen, die sich mitten in schwierigen Phasen ihres Lebens befinden, die sie selbst bewältigen sollten, was natürlich enttäuschend sein kann. Wenn eine ausreichende Trancetiefe zu einem früheren Zeitpunkt bereits einmal etabliert wurde und die intuitive Verbindung hergestellt werden konnte, können Zwischenleben-Erfahrungen auch über mehrere Stunden möglich werden ohne dass größere Störungen auftreten.

FORSCHUNG IN DER ZWISCHENLEBEN-REGRESSION

Bevor ich dieses Buch zu schreiben begann habe ich mehr als 160 Personen, vorwiegend aus Großbritannien, Deutschland, den Niederlanden und Skandinavien auf ihren Erfahrungen mit Zwischenleben begleitet. Zwanzig von ihnen habe ich mehrmals in ihr Zwischenleben geführt.

Ein Kriterium bei der Auswahl der Klienten für die Untersuchung war, dass ein Teil der Klienten keine Vorerfahrung

Einführung

oder Kenntnisse über die Leben-zwischen-Leben-Regression haben sollte. Die Berücksichtigung dieses Aspektes verhindert, dass Kritiker die Behauptung aufstellen können, dass der Inhalt des Zwischenlebens durch Vorkenntnisse beeinflusst war, und da Michael Newtons Bücher über Zwischenleben mittlerweile in interessierten Kreisen bekannt und verbreitet sind, wäre das ein durchaus valider Einwand gewesen. Einige der Probanden sind auch aus dem Grund gewählt worden, dass sie noch nie mit dem Thema in irgendeiner Form zuvor konfrontiert worden waren. Der Fragebogen enthielt daher unter anderem auch Fragen zu Vorkenntnissen. Ein anderes Kriterium war das Einverständnis der Klienten, dass die Aufzeichnung ihrer Sitzung für das Buch verwendet werden durfte und die Erfahrungen, die sie in ihrem Zwischenleben machten für die Veröffentlichung in einem größeren Rahmen auch für andere nützlich sein würde.

15 Leben-zwischen-Leben Fälle wurden schließlich auf der Basis verschiedener Kriterien ausgewählt, wobei jeweils 5 dieser Fälle in die folgenden Kategorien passte:

- *Hohes Level*: Sie hatten zuvor in irgendeiner Form Kenntnisse über Leben-zwischen-Leben und hatten sich ausgiebig darüber informiert.
- *Mittleres Level*: Sie hatten zwar bereits vor Jahren über Leben-zwischen-Leben etwas gelesen oder gehört, dies jedoch vergessen.
- *Geringes Level*: Sie hatten zuvor weder etwas über Leben-zwischen-Leben gehört oder gelesen.

Wie später zu sehen sein wird, erfuhren einige der Klienten mit Vorwissen Dinge, die sie auch in der Theorie zuvor nicht kannten, was bedeutet, dass ihre Sitzung nicht völlig durch ihre Vorkenntnisse beeinflusst gewesen sein kann. Wesentlich interessanter ist jedoch, dass die Personen, die keinerlei

Vorwissen besaßen in allen relevanten Passagen die gleichen bekannten Elemente über das Leben-zwischen-Leben berichteten und teilweise sogar die interessantesten und detailliertesten Berichte liefern konnten.

Der für dieses Projekt verwandte Ansatz unterscheidet sich in einigen Aspekten von dem der Leben-zwischen-Leben Pioniere. Die Probanden kamen aus Europa und nicht aus den USA.

Jeder Proband erhielt ein Pseudonym und ihr Bericht über das Zwischenleben wird in allen Stadien der Sitzung aufgeführt. Diese Vorgehensweise ermöglicht einen Vergleich der verschiedenen Sitzungen und zeigt die unterschiedlichen Perspektiven der einzelnen Abschnitte einer solchen Regression auf. Im Anhang findet sich eine Tabelle, die alle relevanten Details der Probanden aufführt, die relevanten Elemente ihrer Leben-zwischen-Leben-Regression und die Reihenfolge der Ereignisse. Das Projekt erbat von den Teilnehmern auch Rückmeldung über die Erfahrung und eine Beurteilung der Auswirkung der Sitzungen auf ihr Leben. Diese Auswertung wurde in Kapitel 9 zusammengefasst.

Um das Zwischenleben zu erreichen wurden die Klienten üblicherweise in ihr letztes Vorleben zurück geführt, da diese Vorgehensweise normalerweise dazu führt, dass im Zwischenleben die Planung des aktuellen Lebens einschließlich einiger der beabsichtigten Lerneffekte und Ziele des derzeitigen Lebens zur Sprache kommt. Wenn ein Klient in einer folgenden Sitzung mehr über bestimmte Bereiche des Zwischenlebens erfahren möchte kann er zum bekannten Schlüsselpunkt zurückgeführt werden und weitere Aspekte können erforscht werden. Falls ein weiter zurück liegendes Vorleben genutzt wird verändert sich natürlich auch die Perspektive des Zwischenlebens entsprechend dem Stand des Klienten zu diesem Zeitpunkt. Um dies zu demonstrieren wurde ein Proband über zwei verschiedene Vorleben ins Zwischenleben geführt und die unterschiedlichen

Einführung

Aspekte, die sich daraus ergaben, untersucht. Dieser Ansatz ist zuvor nicht verfolgt worden.

Manchmal ist das Vorleben, in das der Klient zurückgeführt wird nicht das letzte vor dem aktuellen Leben. Dies scheint dann der Fall zu sein, wenn das Unterbewusstsein des Klienten dies für die richtige Vorgehensweise zu halten scheint. Das Vorleben, das dann gewählt wird enthält in der Regel Informationen, die für das jetzige Leben des Klienten relevanter sind. Wenn das geschieht dann verändere ich die Zeitlinie durch ein Kommando so, dass auf den Prozess des Planens des derzeitigen Lebens zugegriffen werden kann, damit der Teilnehmer die Erkenntnisse um sein jetziges Leben erfahren kann. Bei einigen der Probanden habe ich jedoch auf diesen Kunstgriff verzichtet um die Unterschiede der verschiedenen Vorgehensweisen sichtbar zu machen, und eröffnete weitere Wege der Erforschung im Rahmen des Projekts.

Ich hoffe, dass dieser neue Ansatz die Erfahrung abzubilden, die Ausführungen und die Analyse dieser Arbeit zusätzliche Informationen zu den Arbeiten von Newton und den anderen Pionieren der Leben-zwischen-Leben-Regression bietet. Unser generelles Verständnis für diese tiefgreifende und bewegende Erfahrung ist nach meiner Meinung durch dieses Projekt erweitert werden.

Die Aufbereitung der Protokolle

Die Fallberichte wurden nicht vollständig in diesem Buch dargestellt, stattdessen wurden die Teile der Fälle ausgewählt, die am aussagekräftigsten und detailliertesten waren. In der Regel wurden meine Fragen und die darauf folgende Antwort vollständig aufgeführt, wo jedoch meine Fragen oder Teile der Antwort zu ausschweifend war, wurde auf einen Teil verzichtet. Wo es zu Auslassungen kam, wurde dies mit einer Reihe aus

Punkten gekennzeichnet. Eine weitere Schwierigkeit während einer Trance ist, dass die Probanden dazu tendieren sich zu wiederholen und dass die Grammatik teilweise nicht korrekt ist, vor allem wenn die Muttersprache nicht Englisch ist. Aus diesem Grund wurden geringe Anpassungen vorgenommen um dies zu korrigieren. Manchmal habe ich zusätzliche Kommentare, erkennbar an den eckigen Klammern, hinzugefügt, wenn ich den Eindruck hatte, dass eine Situation eine weiterführende Erklärung benötigte. Alle diese Veränderungen wurden ausschließlich zur besseren Lesbarkeit und dem Verständnis der Situation oder Kommunikation vorgenommen, und es wurde immer darauf geachtet, dass die Original-Inhalte so vollständig wie möglich erhalten blieben.

1

DEM LICHT ENTGEGEN

Der Tod ist ein Geschenk an uns,
wenn unsere Waagschalen aus dem Gleichgewicht geraten
sind.
Wir sind wie der Bogen, den der goldene Wein beschreibt,
während er verschüttet wird.
Muhammad Hafiz, Persien, 14. Jahrhundert.

Was geschieht nach dem Tod? Bis vor kurzem musste sich die Menschheit auf das verlassen, was die verschiedenen Religionen und esoterischen Traditionen als Antworten auf die Frage lieferten. Die ursprüngliche Absicht dieser Organisationen war es, die geistige Entwicklung verschiedener Kulturen zu verschiedenen Zeitpunkten der Geschichte zu unterstützen und zu formen. Auf einem tieferen Level haben alle diese Organisationen eine sehr ähnliche Kernaussage, die oftmals auf viel älteres, überliefertes Wissen zurückgreift. Unglücklicherweise kommt es aber spätestens wenn die Frage aufkommt was denn nach dem Tod geschieht zu allen möglichen Widersprüchen und Verwirrung. Es gibt alle möglichen Beschreibungen von Hölle, Bardo, Gott, Engeln, Dämonen und den Prozessen, die helfen sollen Mühsal und Kummer zu überwinden. Über die Jahrhunderte ist es zu großen Verzerrungen und Veränderungen der Originalquellen der Religionen gekommen, unabhängig von der Klarheit und der Weisheit der ursprünglichen Aussage. Um sich nicht in diese Mensch-gemachten Widersprüche verwickeln zu lassen, wurde deshalb auf Vergleiche der Darstellungen der geistigen Welt in verschiedenen Religionen versus die Darstellung in Leben-zwischen-Leben-Regression verzichtet.

Eine von religiösen Quellen unabhängige, in unserem Zusammenhang nützliche Quelle sind Berichte über Nahtoderlebnisse, die oftmals z.B. nach Herzinfarkten oder Unfällen auftreten und, je nachdem wie lange es bis zur Wiederbelebung dauert, kürzer oder ausführlicher sind. In diesem Bereich ist die Studie von Dr. Pim van Lommel und seinen Kollegen vom Rijnstate Krankenhaus in Arnheim in den Niederlanden erwähnenswert. Dr. van Lommel und seine Kollegen haben 344 Fälle von Patienten in einem Zeitraum von 13 Jahren dokumentiert, die wegen eines Herzinfarktes wiederbelebt wurden, und zu unterschiedlichen Zeitpunkten während der Wiederbelebung für einige Zeit klinisch tot gewesen sind. 62 dieser Patienten berichteten über ein Nahtoderlebnis wobei 41 dieser Patienten zusätzlich eine Reise durch einen Tunnel, ein helles, weißes Licht und die Begegnung mit Verwandten beschrieben. Da während dieser Erlebnisse keine elektrische Aktivität des Gehirns nachweisbar dokumentiert war, konnten die Erlebnisse nicht durch die üblichen wissenschaftlichen Erklärungen über die Funktion des Gehirns erklärt werden. Alle möglichen Methoden eines wissenschaftlichen Nachweises wurden angewandt, konnten jedoch keine Erklärung für die Phänomene liefern. Da es sich bei diesen Berichten um die zeitnahesten Beschreibungen eines Zustandes nach dem Tod handelt, wurden einige dieser Beschreibungen als Vergleichsmöglichkeit zwischen Nahtodereignis und Leben-zwischen-Leben verwandt.

DIE DREI EBENEN

Da es über das, was nach dem Tod geschieht keine übereinstimmenden Aussagen in unserer Gesellschaft gibt, wurde ein Basis-Modell entwickelt, das als Grundlage für dieses Verständnis dienen soll. Dabei gehen wir von drei Ebenen oder Bereichen aus, deren Energiezustand unterschiedlich ist, in etwa analog der verschiedenen Zustände von Wasser. Der dichteste Zustand von Wasser ist Eis; mit einer Veränderung der Energie wird aus Eis zuerst Wasser und schließlich Dampf. Wenn man dieses Modell auf die verschiedenen geistigen Ebenen überträgt findet sich die dichteste Ebene auf der Erde auf der wir derzeit inkarnieren, das nächst höhere Level wäre die astrale Ebene, die die spirituelle Energie nach dem Tod des Körpers aufnimmt und in der verschiedene, auch erdgebundene Energien verweilen, und das höchste Level an Energie bezeichnet die geistige Welt, die die Nahtod-Patienten und die Zwischenleben-Klienten als Zuhause oder „Das Licht" bezeichnen. Hier treffen die Klienten auf ihre geistigen Führer oder Lehrer, die Ältesten und ihre Seelengruppen.

Es wäre falsch diesen Ebenen eine tatsächliche Lage wie oben oder unten zuweisen zu wollen. Angebrachter erscheint die Vorstellung, dass es sich dabei um verschiedene Dimensionen eines universellen Raums handelt, die erfahren werden. Diese Vorstellung ähnelt z.B. einem Traum, der nicht wirklich in unserer Realität stattfindet, aber eine unmittelbar erfahrbare Dimension liefern kann, eben so, als ob er in unserer Realität stattfände. Ein weiterer Aspekt dieser verschiedenen Ebenen ist das Erleben von Zeit. Kein Individuum, das das Zwischenleben betreten hat, berichtete jemals von einem Verstreichen von Zeit, da ohne physischen Körper, der dem vorgegebenen Altern ausgesetzt ist, Zeit keine Bedeutung hat. Es ist daher sinnlos die Dauer des Aufenthalts in der geistigen Welt mit unseren

Vorstellungen von Zeit bestimmen zu wollen. Die Zeitpunkte, die festgelegt werden können, sind zum einen das Verlassen des physischen Körpers nach dem Tod und zum zweiten der Zeitpunkt des Wiedereintritts der Seelenenergie in den neuen Körper vor der Geburt.

Der erste Teil der in diesem Kapitel zitierten Fallberichte beschäftigt sich mit der Frage was nach dem Tod geschieht. Es scheint so als ob die Seele nach dem Tod des Körpers zwei Optionen hat. Wenn sie sehr desorientiert und verwirrt ist und eine enge Bindung zum Körper, zu anderen Menschen oder sonstigen Dingen der Erde unterhält, kann sie sich weigern ins Licht zu gehen. Manchmal führen auch starke, nicht erledigte Gefühle wie Hass, Liebe, Angst, Furcht, Eifersucht oder Rache dazu, dass die Seele bleiben will. Ein anderer Grund ist ein nicht erwarteter, sehr plötzlicher Tod durch einen Unfall oder im Krieg, was sogar dazu führen kann, dass die Seele zunächst gar nicht realisiert, dass der Körper tot ist. Ein Schock kann dazu führen, dass der Energiekörper seine irdischen Umrisse gewissermaßen beibehält und sich für einige, unterschiedlich lange Zeit weiter auf der Astralebene aufhält bis er realisiert was geschehen ist. Es gibt Fälle in denen ein Medium oder ein geistiger Lehrer oder Helfer eingreift um diese Seelen nach Hause in die geistige Welt zu holen. Der Zyklus der Reinkarnation ist zu Ende wenn eine Seele sich so weit entwickelt hat, dass eine Rückkehr zur Erde und weitere karmische Erfahrungen keinen Vorteil und keine Weiterentwicklung mehr zur Folge hätten. Diese Seelen finden viele andere Möglichkeiten und Wege sich in verschiedenen Funktionen in der geistigen Welt weiter zu entwickeln.

Wir haben also die physische Welt, die Erde, die die Wirkungsstätte unserer physischen Körper ist, die Zwischenwelt, die Astralwelt genannt wird und die geistige Welt, die das eigentliche Zuhause der Seelenenergie ist.

Da nun der äußere Rahmen für die Leben-zwischen-Leben-Regression etabliert ist, können wir uns den verschiedenen Elementen einer solchen Sitzung widmen.

Den Körper verlassen

Die Pioniere der LZL-Regression berichten übereinstimmend dass die Erfahrung damit beginnt, dass der Proband beschreibt, dass sich seine Energie nach dem Tod aus dem Körper des Vorlebens löst oder aus diesem heraus schwebt. Die Probanden berichten über ein plötzliches Gefühl der Leichtigkeit und der Freiheit und die Umstände um den Tod des Körpers verlieren oft bereits an Macht sobald die Subjektivität und Identifizierung mit dem Körper nachlässt. Einige der Probanden versuchen mit unterschiedlichem Erfolg ihre trauernden Verwandten und Freunde zu kontaktieren um sie zu trösten bevor sie ins Licht gehen.
Die für diese Studie ausgewählten Personen bestätigen diese Beschreibung. Nicola Barnard, die zuvor nur minimales Wissen über das Leben-zwischen-Leben hatte, gibt uns einen der aufschlussreichsten Kommentare bezüglich dieser Erfahrung. Sie war zu einer Szene gelangt in der sie im Vorleben in einem Tempel aus Marmor saß als ein Erdbeben alles um sie herum zum Einsturz brachte:

Geh zu dem Moment als Dein Herz aufhört zu schlagen und berichte mir was geschieht?
Es gibt da einen Moment in dem ich das Gefühl habe, dass ich das bin, die da am Boden liegt und dann bin ich es plötzlich nicht mehr.
Hast Du Deinen Körper verlassen oder bist Du immer noch in Deinem Körper?

Die Seele erkunden

Ich kann meinen Körper sehen. Ich liege mit dem Gesicht nach unten, aber ich bin tot. Ich kann mein Blut sehen.
Kannst Du mir die Szene unter Dir beschreiben?
Es ist das reine Chaos aber das Seltsame daran ist, dass alles aufgehört hat sich zu bewegen. Alles steht. Keiner rennt mehr herum und schreit. Mein Körper liegt mit dem Gesicht nach unten auf dem Steinboden und Steinbrocken haben mich am Kopf getroffen. Ich habe aber das Gefühl, dass mich das alles nichts angeht und fühle mich überhaupt nicht betroffen.
Was geschieht dann mit Dir?
Leute kommen zu meinem Körper. Sie weinen und sind sehr aufgeregt. Sie haben Angst und sind aufgelöst aber ich bin nicht mehr wirklich dort. Ich kenne diese Menschen, es sind meine Freunde. Irgendjemand bringt eine Art Liege oder etwas Ähnliches und sie legen den Körper darauf.
OK, geh bitte zu dem Moment wo Du bereit bist zu gehen.
Ich bin nicht mehr in dem Gebäude. Ich sehe riesige weiße Wolken und den blauen Himmel und weiter weg erkenne ich das Meer.
Schaust Du in die Richtung in die Du gehst oder schaust Du zurück?
Ich bin hoch oben, aber ich schaue hinunter und ich kann das Meer sehen.
Hast Du das Gefühl dass Dich etwas in eine bestimmte Richtung zieht oder weißt Du wohin Du gehst?
Mir ist klar, dass da unten noch Menschen sind, denen ich nahe stehe, die meine Freunde sind. Es ist mir zwar bewusst, aber es gibt keinen Grund deshalb wieder hinunter zu gehen.
Hast Du das Gefühl dass Du bleiben musst um zu sehen wie es ihnen geht oder kannst Du weiter gehen?
Ich denke ich kann weiter gehen.
OK, beschreibe bitte was geschieht während Du weitergehst.

Dem Licht entgegen

> Es ist anfangs ein bisschen wie in einem Tunnel obwohl sich alles weiß anfühlt. Wie ein Tunnel, der aber nicht dunkel ist sondern aus Nebel besteht. Es ist seltsam weil ich das Gefühl habe als ob ich gehe, dabei aber in der Luft bin. Es gibt keinen tatsächlichen Boden unter meinen Füssen aber es fühlt sich trotzdem mehr an wie gehen, als schweben. Ich sehe immer noch so aus wie zuvor. Mein Haar ist gerade und ich trage ein weißes Gewand und Sandalen. Ich fühle eine Verbindung zu den Menschen, die in den kleinen Häusern am Meer leben und ich habe sehr warme und liebevolle Gefühle für sie. Es ist Zeit zu gehen und ich fühle eine Art Zug, es ist als ob ich gezogen werde. Ich bin traurig, ein Teil von mir ist traurig weil er gehen muss. Ich zögere immer noch ein bisschen. Ich liebe das Meer. Ich liebe das Meer wirklich sehr.

Nicolas' Bedauern die Welt zu verlassen kam sicherlich auch durch die plötzliche und unerwartete Art des Todes. Wir werden später sehen, dass das Gefühl des Bedauerns sie nicht davon abhielt in die geistige Welt überzuwechseln. Lene Haugland, eine andere Probandin, fügt eine neue Art des Verlassens des Körpers den bereits bekannten hinzu. Sie beschreibt, dass sie ihre Energie in Tausende kleine Splitter zerfallen ließ um es sich leichter zu machen ihren Körper zu verlassen nachdem sie 72 Jahre lang als Indianerin in Amerika gelebt hatte:

> Ich weiß was ich tun muss.
> *Was musst Du tun?*
> Ich zerfalle in winzige Teile, Millionen von winzigen Teilen.
> *Hast Du Deinen Körper vollständig verlassen?*
> Ja, und alle diese Teilchen haben eine Energie wie eine Art Magnet, sie kommen von alleine wieder zusammen.
> *Was geschieht dann?*

Es ist als ob diese Ansammlung von Fragmenten in einen Strom aus Licht gehen und wie durch einen Magneten angezogen dahingleiten.
Was war der Grund für das Zerfallen in tausende kleine Teilchen?
Das ist meine Art mich aus einem Körper zu lösen. Ich finde es viel einfacher so.
Hast Du schon andere Arten einen Körper zu verlassen ausprobiert?
Oh ja, ich kann auf viele verschiedene Arten aus einem Körper gehen. Man kann auch die Energie im Ganzen austreten lassen aber ich finde es anstrengend. Deshalb lasse ich mich in viele Teilchen zerfallen, dann ist es nicht so anstrengend.
Wie machst Du das, in alle diese kleinen Teilchen zu zerfallen?
Ich weiß es nicht, es geschieht einfach.

Diese Beschreibung ist nach meinem Wissen einzigartig. Was daran auch sehr interessant ist, finde ich, ist dass die zersplitterte Energie eine Verbindung zu allen anderen Teilchen aufrecht erhält und sich die Teilchen nach dem Vorgang wieder verbinden. Weitere Beispiele für das Teilen oder Manipulieren der Energie werden später im Buch besprochen. Manchmal scheint es sehr viel einfacher zu sein den Körper zu verlassen wie uns Veronica Perry im nächsten Fallbericht zeigen wird. Sie ist eine sehr interessante Probandin, die über enorm viel Wissen verfügte ohne zuvor mit der Materie befasst gewesen zu sein. Der folgende Auszug stammt aus ihrem zweiten Besuch ins Zwischenleben, in das sie jeweils durch zwei verschiedene Vorleben gelangte. In diesem Leben starb sie friedvoll nach einem einfachen Leben während ihre Schwestern ihr beistanden:

Dem Licht entgegen

Geh zu dem Moment in dem Du Deinen letzten Atemzug tust.
[Tiefer Seufzer]
Und sag mir dann, was geschieht
[Seufzt] Ich fühle mich sehr leicht. Ich schaue auf meinen Körper hinunter. Meine Schwestern sitzen um das Bett herum. Sie haben alles für mein Sterben gut vorbereitet und alles ist an seinem Platz. Es ist als ob sie einen Platz in der Mitte freihalten, damit meine Energie leichter gehen kann.
Wie machen sie das?
Indem sie sich auf Liebe und Frieden konzentrieren und das, was geschieht freudig annehmen. Wir trauern nicht, wir sehen den Tod als neuen Anfang, nicht als Ende.
Und wie hilft Dir diese Einstellung Deiner Schwestern?
Ich habe das Gefühl, dass es einfach ist zu gehen. Ich sehe so viele Seelen um mich herum die versuchen zu gehen und sich zurückgehalten fühlen. Ihre Lieben möchten, dass sie bleiben und sie können nicht in Frieden gehen. Ich fühle mich sehr geehrt, dass ich so einfach gehen darf.
Was geschieht dann?
Ich bewege mich weiter und weiter weg. Ich kann das Schlafzimmer und meine Schwestern sehen. Dann, als ich mich weiter wegbewege sehe ich nicht mehr viel. Ich bin über einer Landschaft und etwas zieht mich fort.

Veronica greift mit ihrer Erzählung einen wichtigen Punkt auf. Wenn eine Seele versucht nach dem Tod ins Licht zu gehen kann sie für einige Zeit durch die exzessive Trauer der Personen, die sie im Leben geliebt haben, daran gehindert werden in die geistige Welt zu gehen. Wenn die Trauernden zudem nicht wissen, dass die Seele überlebt und es ein Wiedersehen in der geistigen Welt geben wird, verschlimmert diese Haltung oft die Situation für die Seelenenergie. Ein längeres Verweilen ist jedoch oft nur dann der Fall, wenn die Seele selbst nicht akzeptieren kann was geschehen ist. Dieser sehr aufschlussreiche Fallbericht zeigt uns, dass es möglich ist sich gut auf den Tod vorzubereiten und ihn sogar als Grund zu nehmen froh zu sein, weil eine geliebte Seele in ihre eigentliche Heimat zurückkehrt. Mit dieser Einstellung machen wir diese Aufgabe für die Seelenenergie viel einfacher.

WILLKOMMENS-FEIERN

Aus früheren Studien über Leben-zwischen-Leben Regression weiß man, dass erfahrene Seelen ohne jede Hilfe von außen in die geistige Welt gehen, während andere Seelen Unterstützung auf ihrem Weg erhalten. Meist ist es ein geistiger Helfer, Lehrer oder bereits verstorbene Familienmitglieder oder Freunde aus dem soeben vollendeten Leben. Einige von ihnen sind Mitglieder aus der primären oder einer sekundären Seelengruppe des Probanden, mit denen er bereits viele Inkarnationen verbracht hat.

Die Studienteilnehmer bestätigen diese Vorerkenntnisse. Liz Kendry beschreibt ihr Treffen mit verstorbenen Familienangehörigen nach ihrem Tod als über 80-jährige Frau:

Beschreibe bitte die Szene, die Du unter Dir sehen kannst.
Ich sitze in meinem Armstuhl, mein Kopf ist an die Rückenlehne gelehnt, es sieht aus also ob ich schlafe. Das Feuer brennt noch.
Hast Du das Gefühl dass Du bei Deinem Körper bleiben musst?
Ich gehe, und ich habe das Gefühl dass mich etwas zieht. Ich drehe mich weg von der Erde und schaue nach vorne.
Kannst Du etwas erkennen wie Du jetzt nach vorne siehst?
Ich sehe drei Lichter. Ich bewege mich auf sie zu.
Was erkennst Du noch während Du näher kommst?

Dem Licht entgegen

Ich kann spüren dass eines der Lichter mein Ehemann ist, und die anderen beiden meine Eltern.
Was geschieht als Du mit ihnen zusammentriffst?
Ich kann es nicht glauben. Es ist wie ein Traum. Vielleicht träume ich einfach nur.
Umarmt ihr Euch irgendwie?
Oh ja.
Beschreibe bitte wie sich diese Umarmung anfühlt.
Ich fühle mich umgeben von Liebe. Es ist also ob sie ihren gesamten Körper um mich herumlegen können.

Im Vergleich zu Nahtoderfahrungen in denen sehr häufig nur ein Licht beschrieben wird stellt sich bei Leben-zwischen-Leben-Regressionen dieses Licht oftmals als Gruppe von Seelenenergien heraus die den Ankömmling willkommen heißen. Liz wurde von ihrem Ehemann und ihren Eltern begrüßt, und die tiefe Liebe und Geborgenheit sind kennzeichnend für ein solches Wiedersehen.

Diese Gefühle werden uns auch im Bericht von Jack Hammond begegnen der zunächst ein recht kurzes Leben als Soldat im zweiten Weltkrieg erlebte, in dem er starb als er versuchte einen Freund zu retten. Sein geistiger Lehrer namens Garth trifft ihn zuerst, aber einige Mitglieder seiner Seelengruppe begegnen ihm gleich danach und machen ein Späßchen auf seine Kosten:

Wie fühlt sich die Gegenwart von Garth an?
Angenehm. Beruhigend. Es ist als ob es einfach richtig ist so wie es ist. Als ob alles gut ist, wie es ist.
OK, wie geht es weiter?
Hmm. Er geht weg aber ich habe nicht das Gefühl dass ich allein wäre. Es sind noch andere Leute da.
Sind diese Leute in menschlicher Form oder sind es Energieformen?

Halb-halb. Es ist irgendwie frustrierend. Wenn ich es als Mensch beschreiben soll, sind es ungefähr sechs Menschen, die im Schatten stehen und sie tragen lange Kutten und Kapuzen. Jetzt nehmen sie die Kapuzen ab. Sie lachen mich an, lachen und lächeln.
Tragen sie die Kutten aus einem bestimmten Grund?
[Lacht] Sie machen einen Scherz.
Welchen Scherz?
Wie erkläre ich das jetzt? Sie haben sich absichtlich so verkleidet, weil ich damit nicht gerechnet hatte. Es hat mit mir und meinem Charakter und meiner Art zu tun. Sie geben mir zu verstehen „Du denkst Du weißt schon alles, aber wir sagen Dir, das tust Du nicht, erkennst Du das jetzt?". Wir kennen uns alle sehr gut. Ich könnte nicht sagen wer sie in verschiedenen Leben waren, weil sie sich verkleidet haben, aber ich weiß, dass es so ist.
Wie fühlst Du Dich in ihrer Gegenwart?
Es ist einfach schön. Wir sind Freunde. Wir umarmen uns, wir lachen, sie freuen sich über den gelungenen Scherz.
Können sie sich einfach verändern in was auch immer sie sich verändern wollen?
Ja genau, und darum geht es. Sie waren nicht in menschlicher Form sondern in Energieform und projizierten diese mysteriösen Leute in Kutten und Kapuzen. Das ist definitiv ein Versuch mich auf den Arm zu nehmen, es hat etwas mit meinem Ego zu tun. Sie wollen mir damit etwas über mein Ego mitteilen.
Unterhaltet ihr Euch über etwas nach dem ihr Euch begrüßt habt?
Wir unterhalten uns. Es ist ein Geplänkel, nichts Ernsthaftes. Es ist eine „Willkommen zurück" Begrüßung. Sie geben mir zu verstehen, dass es schön ist, dass ich wieder bei ihnen bin.

Dem Licht entgegen

Dieser Fall macht uns mit einem weiteren Prinzip des Zwischenlebens bekannt. Unser Energiekörper kann sich einfach dadurch verändern dass wir Energie mit einer gerichteten Absicht projizieren. Der Seelenkörper besteht aus Energie, aber auch diese Energie kann verschiedene Zustände annehmen, wie zum Beispiel menschliche Form um eine aus einem Leben zurückkommende Seele zu begrüßen. In ihrem ersten Vorleben war Veronica Perry eine alte Frau, die ein einfaches Leben gelebt hatte und friedlich und von ihrer Familie umgeben mit 86 Jahren starb. Nach ihrem Tod begegnet sie ihrem geistigen Lehrer und anderen Seelen, mit denen sie häufiger zusammengearbeitet hatte:

Was geschieht nachdem Du zum letzten Mal geatmet hast?
Ich sehe wundervolle Lichter auf mich zukommen (seufzt). Sie kommen und umarmen mich. Es fühlt sich wunderbar warm an, als ob man in der Sonne läge.
Weißt Du was jetzt gerade mit Dir geschieht
Es sind meine geistigen Lehrer die mich abholen kommen.
Sind das die Energien um Dich herum, die Du als Wärme empfindest
Ja. Es fühlt sich sehr einladend an.
Sprecht Ihr miteinander
Er begrüßt mich gerade.
Wer sind die anderen Lichter?
Das sind andere Helfer und Lehrer.
Was geschieht dann?
Sie helfen mir mich fortzubewegen. Ich verlasse den Raum und den Körper vollständig. Ich schaue mich noch einmal um.
Sag mir was Du siehst.
Es scheint so als ob meine Freunde und Familie mir beim Gehen zusehen. Als ob ihnen bewusst wäre, dass meine Energie sie jetzt verlässt. Sie sind traurig aber auch froh

darüber. Ich habe das Gefühl dass sie es richtig finden und ich mit ihrem Einverständnis gehe und sie mir Liebe schicken.
Was siehst Du noch während Du Dich fortbewegst?
Meine Helfer und Lehrer sind um mich herum und lächeln mich an.

Wenngleich sich in beiden Leben-zwischen-Leben-Sitzungen bei Veronica wiederholt, dass die ihr nahestehenden Menschen ihr Gehen nicht behindern, handelt es sich doch um zwei völlig unterschiedliche Sitzungen. Dieses Mal trifft sie auf Helfer und Lehrer, die ihr bei ihrem Übergang helfen.

Kehren wir zu Nicola Barnard zurück, die durch ein Erdbeben ums Leben kam. Sie verlässt die Erde um ins Licht zurückzukehren obwohl es ihr Leid tut ihr damaliges Zuhause am Meer verlassen zu müssen. Ihre Beschreibung macht deutlich wie hilfreich eine gute Auffassungsgabe für die Sitzung sein kann:

Ich sehe Blumen und Gras, ich sehe auch einige Gebäude, aber sie sehen anders aus als die, die ich gerade verlassen habe. Sie sind einfach und haben eine andere Qualität. Sie sind leichter! Es sind zwar Gebäude aber sie wirken nicht besonders dicht... ich habe das Gefühl als ob ich sie projizieren würde... es ist so als ob etwas Gestalt annimmt, weil ich mich darauf konzentriere.

Alle Zwischenleben-Pioniere berichten dass wir es sind, die unsere Umgebung in der Lichtwelt erschaffen und dass diese Umgebung eine halb-reale physikalische Form annimmt. Diese Vorgänge beruhen auf dem Grundsatz dass Energie immer der Aufmerksamkeit folgt. Während der Anfangszeit in der geistigen Welt brauchen weniger fortgeschrittene Seelen offenbar vertraute Umgebungen und erschaffen sie sich daher. Das dürfte auch der Grund dafür sein dass sich so viele gläserne Schlösser, grüne

Wiesen und Blumen in den Berichten finden. Manchmal werden auch Klassenzimmer oder Büchereien beschrieben oder Tempel mit Säulen und hohen Decken. Alle diese Charakteristika gehen in der Regel auf positive Erfahrungen eines Lebens zurück oder besonders geliebte Dinge auf der Erde.

Die Seelen, die einen willkommen heißen, nehmen oftmals ein uns vertrautes Äußeres an, das wir aus dem letzten oder einem früheren Leben kennen. Etwas erfahrenere Seelen sehen häufig andere Seelen bereits in ihrer natürlichen Energieform und benötigen keine Erinnerungen an frühere Leben.

Veronica Perry beschreibt in ihrer zweiten Leben-zwischen-Leben-Sitzung ihr Treffen mit einem geistigen Lehrer, der sie begrüßt bevor sie heilende Energien empfängt:

„Er ist in einer spielerischen Laune; ich kann seine Energieform sehen aber auch das Gesicht von jemandem, den ich aus einem früheren Leben gut kenne. Es ist sehr, sehr hell, ein weißes Licht und während er weiter Gestalt annimmt, werden die Farben seiner Energie dunkler und weniger schillernd."

Der Tunnel

Sowohl Veronica Perry als auch Nicola Barnard berichteten darüber, dass sie sich vom Licht angezogen fühlten, und diese Beschreibung deckt sich denen vieler anderer Probanden. Diese Beschreibung wirft die Frage auf worum es sich dann bei der Reise durch einen dunklen Tunnel ins Licht handelt, den viele Nahtod-Überlebende beschreiben. Diese Beschreibung findet sich in Zwischenleben-Regressionen selten und auch in der Literatur zu Zwischenleben spielt sie keine Rolle. Nur Newton publizierte einmal eine Beschreibung die einen Tunnel erwähnte, aber auch er berichtet dass die meisten seiner Klienten keine Reise durch einen Tunnel erleben, sondern häufig ein strahlendes weißes Licht sehen, das sie im Moment ihres Todes umgibt. Ramster berichtet, dass seine Klienten manchmal von einer Erfahrung mit einem Tunnel oder einer Röhre erzählen und einige der Klienten von Fiore beschreiben einen Tunnel, der in hellem weißem Licht endet.

Wenden wir uns wieder unseren Probanden zu: Liam Thompson hatte als junger Mann in Irland Selbstmord begangen nachdem seine Freundin sich geweigert hatte mit ihm wegzugehen, da sie sich um ihre kranke Mutter kümmern wollte. Er beschreibt einen schwarzen Tunnel nach seinem Tod, der sehr schnell um eine Achse rotiert. Wendy Simpson gibt uns detailliertere Hinweise bezüglich des Tunnels. Sie lebte ein Leben als armer Mann in einer Wüstengegend, der am Ende seines Lebens auf einer Art Divan liegt und von seiner Frau und seiner Mutter gepflegt wird. Nach dem Tod ist die Seele sehr unwillig weitere Informationen zu liefern:

Was geschieht nachdem Du Deinen letzten Atemzug getan hast
Ich sehe hinunter.
Was kannst Du sehen?
Nur Haut und Knochen.
Ist etwas um den Körper herum?
Nur die zwei Frauen und dieses Gefühl mit dem Körper verbunden zu sein.
Was geschieht dann?
Es ist als ob ich irgendwie angebunden wäre, ich kann mich nicht bewegen.
Möchtest Du Dich wegbewegen oder fühlst Du Dich gefangen?
Ich fühle mich gefangen, das geht eine ganze Weile so. Langsam gibt es nach.
Weißt Du was das ist das Dich hält?

Es fühlt sich an wie ein Band. Ich kann es tief in mir fühlen.
Was geschieht dann?
Es fühlt sich immer noch so an als ob ich festgehalten werde.
Geh zu dem Punkt an dem sich etwas ändert.
Jetzt wird der Sog stärker und das Band wird dünner. Ich werde nach oben gezogen. Es ist wie ein Tunnel aus Licht.
Beschreibe mir den Tunnel etwas genauer.
Ich kann sehr helles Licht am Ende des Tunnels sehen und ich bewege mich durch den dunklen Teil des Tunnels und komme in das helle Licht heraus. Ich habe das Gefühl dass da jemand ist der auf mich wartet. Es ist ein Gefühl als ob sich etwas bewegt.
Wann wurde Dir bewusst dass das Band dünner wurde?
Unmittelbar bevor ich in den Tunnel gegangen bin. Es wurde dünner und dann wurde ich in den Tunnel hineingezogen. Ab da konnte ich das Band nicht mehr fühlen.

Während Nahtoderfahrungen und außerkörperlichen Erfahrungen wird immer wieder über ein Band berichtet, das die Seelenenergie mit dem Körper verbindet. Diese Erwähnungen sind in Zwischenleben-Regressionen jedoch eher selten. Während ich sie zurück in den Tunnel führe berichtet Wendy weiter über ihre Eindrücke:

Ich habe das so erlebt weil ich noch festhing. Es ging darum loszulassen und nicht auf der Erde gefangen zu bleiben. ... Die Dunkelheit im Tunnel repräsentiert den Raum zwischen Bleiben und Gehen ... es war Angst die mich diese Dunkelheit erleben ließ ... um weiterzugehen musste ich die Angst überwinden und sie akzeptieren.

Es scheint so als ob diejenigen, die eine bestimmte Form von Angst oder Verwirrung nach dem Tod durchmachen müssen eher

Dunkelheit als Licht erfahren. Dies trifft wohl auch auf Nahtoderfahrungen zu, wenn die Menschen sehr plötzlich mit dem Tod konfrontiert werden.

Es stellt sich die Frage ob mehr hinter diesem Tunnelerleben steckt als wir bisher vermuten. Nahezu alle Personen mit Nahtoderlebnissen werden an einer bestimmten Grenze oder Barriere zurückgeschickt, darin unterscheidet sich das Nahtoderleben von Zwischenleben-Regressionen. Möglicherweise stellt der Tunnel eine Art Führung dar, die sicherstellt dass es eine Rückkehr aus dem Lichtreich auf die Erde gibt.

Dieses Kapitel konnte aufzeigen dass es Ähnlichkeiten zwischen Nahtoderlebnissen und Zwischenleben-Berichten gibt. Sie beschreiben beide das Verlassen des Körpers und die Begegnung mit bereits verstorbenen Freunden, Familienangehörigen, Lehrern usw. Wenngleich die Beschreibung eines dunklen Tunnels in Zwischenleben-Regressionen selten ist, konnte uns doch Wendys Fall zeigen, dass manche Menschen diesen Tunnel-Effekt erleben und dies möglicherweise mit der Bindung der Seele an den Körper des vergangenen Lebens zu tun hat. Manche Menschen die eine Nahtoderfahrung machten, beschreiben Engel oder eine Gott-ähnliche Figur. Diese Menschen haben oft einen starken christlichen Glauben und die Energien, die sie willkommen heißen werden zum Wohl dieser Seelen eine Form annehmen die für die gerade ankommenden Seele positiv ist.

2

HEILUNG FINDEN

*Diejenigen, die diese Liebe nicht fühlen
die an ihnen zieht wie der Fluss.
Die nicht das Morgenrot trinken
wie einen Becher Frühlingswasser,
oder das Abendrot einnehmen wie das Abendbrot.
Sie wollen den Wandel nicht,
lasst sie schlafen.*
Jelaluddin Rumi, Sufi Mystiker, 13tes Jahrhundert.

Heilung

Einige der Pioniere für das Leben-zwischen-Leben beschreiben einen Heilungsprozess, der unmittelbar nach der Rückkehr der Seelen in die Geistige Welt stattfindet. Nach Ramster benötigen Seelen lediglich eine „anfängliche" Ruhepause. Newton hingegen berichtet, dass die meisten Klienten eine „energetische Heilungsdusche " erhalten. Diese dient dazu die in dem soeben beendeten Leben angesammelten negativen Gefühle und Verhaltensweisen zu entfernen und den Energiekörper zu reinigen. Einer der Klienten von Cannon beschreibt einen „Tempel der Heilung" in dem „Wellen farbiger Energie" die Seele umfließen.

Nahezu alle Probanden bestätigen dieses Grundmodell der Energieheilung auf die eine oder andere Weise. Die Heilungsenergie ist meist speziell angepasst um Verluste und

Verletzungen des gelebten Lebens zu heilen, sie scheint aber auch, abhängig von speziellen Bedürfnissen des individuellen Energiekörpers, jeweils dem zu heilenden Energiekörper angepasst zu werden.

Häufig wird der Vorgang als ein Fortwaschen der negativen Emotionen mit einer danach folgende Ausdehnung der Energie beschrieben. Ein Beispiel dafür ist Laura Harper. Sie war ein alter Mann, der sich um einen Jungen kümmerte, als ihr Küstenort von mehreren Schiffen überfallen wurde. Ihre Heilung setzte ein, nachdem sie bei der Invasion den Tod fand. Sie fühlt sich in eine Kugel „wirbelnder Energie gehüllt", deren Oberfläche „wie eine Perle" schimmert, die ihre „überflüssigen Gefühle der Trauer" auflöst. Sie hat „Unterstützer, die die Oberfläche ihrer Aura glätten und streicheln", so dass sich „alle meine Körperteile verflüssigen". Auch Lene Haugland, die zuvor in Millionen kleinster Partikel zersprungen war, erhält eine Heilungsdusche. Noch während sie sich im zersplitterten Zustand befindet beschreibt sie einen „Lichtstrom" wie eine „Reinigungsdusche" die ihre „Gefühle von Trauer und Einsamkeit abwäscht".

Ein besonders interessanter Fall ist der von Nadine Castelle. Nach einem Leben als Arzt in den Vereinigten Staaten liegt sie als Mittfünfziger sterbend auf ihrem Bett. Sie leidet an einer schweren Bronchitis und erleidet gerade eine Hustenattacke, die auf der Bandaufnahme der Sitzung gut zu hören ist. Dies zeigt, wie unmittelbar und real Regressionserinnerungen manchmal sein können. Während sie ihren Übergang fortsetzt, erfahre ich durch sie zum ersten Mal das negative Energien Dritter aufgenommen werden können die abgeworfen werden müssen:

[hustet]
Geh zu dem Moment, in dem Du Deinen letzten Atemzug nimmst und sag mir, was geschieht?

Heilung finden

Ich bin fort. Ich will nicht mehr in diesem Körper bleiben. Ich gehe nach oben.
Was geschieht als nächstes?
Ein Licht kommt auf mich zu und wird stärker und stärker. Es hüllt mich ein.
Wie fühlt es sich an?
Ich strenge mich an, die Schwere des Körpers abzuwerfen. Das Licht, das mich anstrahlt hilft mir bei der Befreiung. Meine Energie wird wiederhergestellt, die Struktur verändert sich. .
Hast Du auch nach anderen Leben die Struktur verändert?
Manchmal.
In welcher Weise unterscheidet es sich diesmal von den anderen Malen?
Als ich starb, nahm ich große Mengen an fremden Energien und Krankheiten mit, die ich ablegen muss, ich möchte sie nicht mit mir nehmen. Es sind energetische Partikel von anderen Menschen. Ich war durch meinen Beruf sehr empfänglich für die Energie anderer Leute. Das Licht, das mich umgibt ist ein heilendes Licht und ich kann fühlen, wie ich mit dem Licht mitschwinge.

Unterdessen beschreibt Liam Thompson, der nach seinem Selbstmord in einen schwarzen Strudel gezogen wurde, in anschaulicher Weise seine Heilung:

Ich bekomme Energie zugeführt.
Gut, beschreibe was geschieht.
Es fühlt sich an wie eine Dusche aus Energie, reiner Energie. Ich kann spüren, wie all die negative Energie meines Vorlebens in eine Art Loch von mir fort strömt. Es ist wie Entrümpeln.
Wie sieht dieses Loch aus?

Es ist mehr ein Gefühl.
Ein Gefühl, dass es Dich verlässt?
Ja. Die Energie wird verändert. Es ist keine negative Energie mehr vorhanden. Ich habe das schon vorher gemacht und weiß, was ich tue.
Ah, Du hast das nach früheren Leben schon einmal gemacht?
Ja. Eigentlich macht man das nach den meisten Leben. Es gibt immer Rückstände, um die man sich kümmern muss. Niemand führt ein Leben ohne Ecken und Kanten.
Beschreibe was du erlebst und fühlst.
Pure Freude und Liebe. Nachdem die negative Energie verschwunden ist, fühle ich mich wie ein leeres Gefäß, das mit neuer Energie gefüllt wird. Es entspannt und alles Negative ist fortgewaschen worden.

Auch Magnus Bergen übermittelt einen sehr aufschlussreichen Bericht über seine Heilung. Er regressiert in ein Leben als Italiener, der wiederholt für seine Versuche, die Korruption der Bezirksverwaltung aufzudecken, ins Gefängnis geworfen wird. Seine Frau verlässt ihn während seiner ersten Haftstrafe und nimmt den gemeinsamen Sohn mit. Er stirbt als gebrochener Mann, einsam und depressiv an Altersschwäche. Er war weniger wütend auf seine Peiniger, als zutiefst enttäuscht von den ehrlosen Verhaltensweisen seiner Umwelt. Nach seinem Tod wird er nicht begrüßt, sondern befindet sich in einer Art Wartezimmer:

Es ist als ob ich in einem Zimmer ohne Wände bin.
Was tust Du?
Ich bin auf dem Weg zu einem anderen Ort. Ich fühle mich immer noch niedergeschlagen.
Geh zu dem Moment, an dem du dieses Zimmer verlässt und beschreibe was geschieht.

Am anderen Ende des Raums öffnet sich eine Türe in einen nach oben führenden wendeltreppenartigen Flur. Ich gehe nicht, ich folge einfach der Form.
Wo bist Du jetzt?
Ich bin am Ziel. Hier sind andere Energieformen, die versuchen, mir zu helfen mich besser zu fühlen, mich zu reinigen und mit meinen Energien arbeiten.
Erzählst Du mir mehr über dieses Erlebnis?
Es wird nach und nach besser. Ich fühle die schweren Energien verschwinden. Sie lösen die Depression und nehmen sie fort.
Wechseln die Schwingungen Deiner Energie?
Ja, eindeutig, es wird alles viel heller. Ich fühle mich als ob ich zu einem von ihnen werde, da keiner von ihnen diese schweren Energien aufweist.
Kommunizierst Du mit diesen Anderen?
Es gibt eigentlich nichts zu sagen. Das ist nicht negativ gemeint, alleine in ihrer Gegenwart zu sein ist genug.

Die nächsten drei Probanden liefern ebenfalls großartige, bestätigende Berichte über Heilungsabläufe, obwohl keiner von ihnen mehr als minimale Vorkenntnisse über das Leben-zwischen-Leben hat. Während ihrer ersten Sitzung wird Veronica Perry von ihrem geistigen Lehrer und einigen Unterstützern in eine „Heilungskammer" gebracht, nachdem sie soeben ihren Körper verlassen hat:

Unterhältst Du Dich mit Deinem geistigen Lehrer?
Er fragt mich nach meiner Energie, ob ich mich immer noch schwer fühle, oder ob ich schon anfange, mich leichter zu fühlen.
Warum fühlst Du Dich schwer?

Die Energie muss sehr dicht sein, um in einem Körper leben und ihn am Leben erhalten zu können und die Dichte fühlt sich schwer an. Bis dieses Gewicht abgelegt ist, kann man sich immer noch etwas durcheinander und orientierungslos fühlen.
Wohin gehst Du jetzt?
In die Reinigungs- und Heilungskammer.
Beschreibe sie bitte.
Voll von Liebe und puren Energien. Wie eine mit Liebe gefüllte Kapsel.
Kommst Du auch nach anderen Vorleben her?
Es gibt immer einen Bedarf an Heilung um die Energie wieder zu stärken. Es ist wie eine weite Reise.
Bist du alleine?
Meine Lehrer und Unterstützer sind bei mir. Mein geistiger Führer kommt vorbei, aber er ist nicht an der Heilung beteiligt.
Beschreibe wie es sich anfühlt, wenn das Gewicht entfernt wird.
Als ob man befreit wird. Jetzt kann ich leuchten.
Wurde Dir Energie entfernt oder empfingst Du welche?
Etwas von der Dichte die übrig geblieben war, wurde entfernt und das ermöglichte meiner reinen Energie sich wieder zu wachsen. Wobei Wachstum nicht ganz richtig ist, es ist als ob sie durch die dichtere Energie, die ich mitgebracht hatte zurückgehalten worden war, und jetzt wieder freigesetzt wurde. Jetzt kann ich mich ausstrecken.

Es ist interessant, dass sowohl Liam als auch Veronica darauf hinweisen, dass alle Seelen zu manchen Zeiten beim Eintritt in die geistige Welt einer gewissen Heilung bedürfen. Allerdings wird es bei der großen Bandbreite von Leben und der jeweiligen Reife der Seelen immer Unterschiede geben. Veronica bietet zu einem späteren Zeitpunkt der Sitzung eine aufschlussreiche

Heilung finden

Einsicht zum Unterschied zwischen der Entfernung übermäßiger Gefühle und dem Behalten nützlicher assoziierter Erinnerungen:

> Die Erinnerungen verschwinden nicht mit der Reinigung, die Reinigung entfernt nur die schwereren oder die eher negativen Energien. Negativ ist nicht korrekt, aber eine andere Bezeichnung habe ich nicht. Die eher negativen Energien verhindern, dass man seine Seelengestalt annehmen kann, deshalb müssen sie gelöst werden, während die Erfahrungen und die Energie bei einem verbleiben. Das muss so sein.

Dass die Erinnerungen an negative Gefühle, die aus einem Leben mitgebracht werden, auch nach Abschluss der Heilung in der Geistigen Welt beibehalten werden, ist eine wichtige Regel, die auch später noch einmal besprochen werden wird. Die dichte Energie wird zwar beseitigt, aber nicht bewältigte Probleme und ungeklärte Lernaufgaben werden von der Seele in späteren Inkarnationen bearbeitet werden.

ABLEGEN VON SCHICHTEN

Durch die Erkenntnisse der Leben-zwischen-Leben Pioniere über Heilung sind uns inzwischen viele Abläufe und Bedeutungen durch die Fallberichte und Statistiken verschiedener Therapeuten geläufig. Die Beschreibung verschiedener Schichten war jedoch neu für uns. Einige unserer Klienten beschrieben den Heilungsvorgang als das Durchqueren verschiedener Schichten um die Dichte des irdischen Körpers ablegen zu können. Der nachfolgende Bericht über ihre Heilung ist von Nicola Barnard, einer Probandin mit sehr wenigen Vorkenntnissen zum Leben-zwischen-Leben:

Es scheint mich zu klären, zu reinigen. Es fühlt sich an, als ob eine Art heilende Energie ein Licht auf mich scheinen lässt... es gefällt mir. Es ist ein gutes Gefühl, es erleuchtet meinen ganzen Körper... Mir wird klar, dass ich gar nicht so körperlich bin... Da ist viel Liebe, ich kann viel wirklich viel Liebe fühlen... Es ist wie ein elektrisch blaues Licht, dass aus dem Inneren strahlt, das ist unglaublich... ich muss loslassen, ich kann die Bindung an den Körper loslassen. Das ist seltsam, es geht schichtweise irgendwie. Ich fühle mich jetzt mehr wie ein Licht, es ist wie ein schrittweiser Übergang weg vom Körpergefühl. Ich kann mich immer noch mit der in weiße Kleider gehüllte Person mit Haaren und all dem identifizieren, aber ich empfinde mich auch als dieses golden-rosafarbene Licht, das bin auch ich. Unterschiedliche Energien kommen zu mir und alle diese unterschiedlich farbigen Lichter sind Teil des Heilungsprozesses, aber sie sind auch Wesen, wie ich. Ich bin nicht mehr so durcheinander. Ich fühle, dass das, was ich in diesem Leben getan habe schwierig war... Obwohl mir die verschiedenen erhaltenen Energien ein starkes Gefühl von Ruhe und Balance vermittelt haben, empfinde ich immer noch Reue, weil ich nicht fähig war, die Menschen vor Leid zu bewahren, aber ich empfinde es nicht mehr so stark, es ist weniger geworden.

Nicola Barnards Heilung erfolgt nach ihrem Tod durch ein Erdbeben bei dem sie von Teilen des zusammenstürzenden Gebäudes erschlagen wurde. Sie beschreibt sehr anschaulich wie das Gefühl für den abgelegten Körper schichtweise entfernt wird während sie den Heilungsprozess, der durch verschiedene Energien zu Stande kommt, durchläuft.

Ein weiteres, außerordentliches Beispiel dieses Prozesses bietet Veronica Perrys zweite Leben-zwischen-Leben Sitzung. Im Gegensatz zu Nicola Barnards Bericht beschreibt sie diese

Heilung finden

Heilung als eine Reise durch verschiedene Schichten. Sie wird auf die Gegenwart ihrer geistigen Lehrer aufmerksam, sowohl dem spielerischen, über den in Kapitel 1 berichtet wurde, als auch einem weiteren:

Ich fühle mich, als ob ich schwebe. Ich schwebe durch all diese unterschiedlichen Farben und Farbenschichten.
Weißt Du, was sie darstellen?
Sie bereiten mich vor, sie helfen mir, die unterschiedlichen Aspekte meines Lebens, die ich nicht mit mir nehmen kann, abzulegen. Sie bearbeiten die dichten Reste meiner physischen Existenz und die Verbindungen zu meinem Körper, die ich mitgebracht habe. Es ist Teil eines Heilungsvorgangs, aber ich scheine nur kurz in jeder Schicht zu verbleiben und ziehe dann schnell weiter.
Bist Du es selbst, die das tut?
Es fühlt sich an, als ob ich geleitet werde.
Kannst Du sehen, wer Dich leitet?
Es sind zwei Energien, eine links von mir und eine hinter mir. Wir sprechen nicht und wir kommunizieren auch nicht auf andere Weise, aber sie führen mich hindurch.
Worum geht es in jeder dieser Schichten?
Ich bin jetzt schon durch einige hindurch, aber wenn ich auf die erste Schicht zurück blicke, scheint sie sehr dicht zu sein. Es ist eine sehr materielle Schicht, obwohl sie sich sehr locker und leicht anfühlte als ich durch sie hindurch ging.
Wurde etwas hinzugefügt oder entfernt?
Es war ein Vorgang, der alle physischen Bindungen, alle Reste dichter, physischer Energie, die entfernt werden mussten, löste.
Wurden Dir bei diesem Vorgang auch Gefühle entzogen?
Ich habe nicht das Gefühl, dass Gefühle wirklich entfernt wurden, nur verändert. Da war eine Art Verbindung zu meinen

Schwestern. Obwohl sie meinen Übergang und meinen Fortschritt unterstützten, musste ich meine Verbindung zu ihnen loslassen. Sie hielten mich nicht zurück, aber ich war immer noch ein wenig an sie gebunden.
Was geschah in der zweiten Schicht?
Die zweite Schicht bearbeitet das energetische Niveau. Nicht so sehr die körperlichen Eigenschaften, sondern die emotionalen und spirituellen Bindungen an dieses Leben. Ich empfand eine so tiefe Liebe und Verbindung zur Erde und zur Natur, die teilweise zu meiner Seele gehören, aber der Anteil, der zur physischen Existenz dieses Lebens gehörte, musste abgelegt werden. Meinem Empfinden nach war dieses Leben so erfüllt von Frieden und Verständnis und Anerkennung, es scheint kaum emotionalen Ballast zu geben, den ich abwerfen muss. Es gab kaum relevante Beschwerden, Krankheiten oder Schmerzen oder andere physische Probleme, die losgelassen werden müssten. Es fühlt sich so an, als ob das Durchwandern dieser heilenden und reinigenden Schichten meine Seelenenergie zurück in ein Gleichgewicht optimiert. Die Schwingungen meiner Energie müssen gesteigert und einige kleine Anteile hier und da müssen gereinigt werden. Es ist ein Wechsel zwischen der notwendigen Energiedichte für eine physische Gestalt und der Leichtigkeit, die hier benötigt wird.
Auf welcher Stufe befindest Du Dich jetzt?
Der Heilungsprozess ist fast abgeschlossen. Ich bin jetzt in einem sehr, sehr lichten Raum. Mein geistiger Führer ist bei mir und ich habe das Gefühl, als ob ich mich in einer Ruhezone befinde.

Veronica erzählt anschließend ausführlich, wie ihr spiritueller Führer und ihr Lehrer sie während dieses Vorgangs unterstützen:

Heilung finden

Es ist, als ob zwei sehr unterschiedliche Wesen bei mir wären. Da ist einer, von dem ich den Eindruck habe, dass ich ihn sehr gut kenne und der gerne Späße macht ist und es ist anregend, mit ihm zusammen zu sein. Die Andere ist sehr viel ruhiger und direktiv, wie eine schweigende Kraft die mich leitet.
Welche Rolle spielt diese Andere?
Ich habe das Gefühl, dass sie sehr wichtig ist. Sie ist eine Lehrerin für mich.
Hat Deine Lehrerin die Heilung in den unterschiedlichen Ebenen vollzogen?
Manchmal war es schon ausreichend sich in der Energie dieser Schichten zu befinden, und immer wenn etwas optimiert oder losgelassen werden musste, kam sie zur Hilfe. Sie hat ausgelesen und weggelegt was nicht mehr benötigt wird. Ich konnte fühlen, wie meine Energie wieder heil wurde, vollständig und rein. Wo kleine Anteile entfernt wurden, füllte sich die Lücke mit der Energie der Schicht in der ich mich befand, und ich fühlte mich mehr und mehr unversehrt. Es ist schwierig auszudrücken, aber es ist als ob ich mich ausdehnte, je mehr entfernt wurde.

Abschließend bestätigte sie ausdrücklich, dass die benötigte Heilung und die Heiler, die diesen Prozess unterstützen, in Zusammenhang mit dem gerade gelebten Leben stehen:

Die Erfahrungen zum Ende jeden Lebens sind sehr unterschiedlich je nachdem was in diesem Leben geschah... Diesmal ist es leicht für mich, da ich von einem friedlichen, liebevollen, heilsamen Ort zu diesem übergewechselt bin. Der Übergang ist viel schwieriger, wenn man aus einem traumatischen Leben kommt, dann sind so viel mehr negative Energierückstände zu bearbeiten. Ich habe in diesem Leben daran gearbeitet, eine Menge dieser negativen Energie abzulegen und deshalb war der Heilungsprozess unkomplizierter. Bei traumatischen Leben kann die Heilung auch erst in der geistigen Welt beginnen, es ist viel anstrengender und die Schichten scheinen dann ganz andere zu sein.

Haben Dir bei der Heilung Deiner vergangenen, traumatischen Leben immer derselbe Lehrer und die gleiche geistige Führerin geholfen?

Mir haben andere Lichtwesen bei unterschiedlichen Themen geholfen. Es gibt eine Gruppe die deine Entscheidungen, deine Leben und die Entwicklung überwacht. Einige kommen zu Dir oder Du zu ihnen, um Unterstützung bei unterschiedlichen Erfahrungen zu bekommen.

Der Eindruck, den man von diesem Bericht erhält ist, dass die erfahreneren Lehrer, die üblicherweise mit dem Lebensrückblick und der Planung in Verbindung gebracht werden, möglicherweise auch in den Beginn des Heilungsprozesses eingebunden sind. Obwohl dies ungewöhnlich erscheint, besteht die Möglichkeit, dass die Unterscheidung in geistige Führer, Lehrer und den Ältesten weniger klar definiert und festgelegt ist, als dies durch Berichte anderer Leben-zwischen-Leben Forschern postuliert wurde. Eigentlich wäre die Beteiligung dieser Helfer- und Lehrer-Energien auch nicht wirklich überraschend, wenn man ihre umfassende Unterstützung bei unserer Entwicklung betrachtet.

Ebenso aufschlussreich ist die Information von David Stephens, der in ein Leben als junger Araber zurückgeführt wurde, und der von Banditen ausgeraubt und zum Sterben zurückgelassen wurde. Er ist im Wüstensand eingegraben, die Sonne brennt auf ihn herab, und seine Lippen springen auf. Er vollzieht den Übergang ganz alleine:

Heilung finden

Geh zu dem Moment, an dem Dein Herz aufhört zu schlagen und sag mir, was geschieht.
Ich fühle mich frisch und schaue nach unten. Der Wind bläst Sand über meinen teilweise begrabenen Körper und ich bleibe, bis der Sand ihn bedeckt. Ein Teil von mir ist immer noch wütend über die Ereignisse. Ich weiß, ich muss einen Teil der Wut mitnehmen, wenn ich gehe.
Lässt Du etwas von dieser Wut zurück?
Ein Teil davon bleibt, aber einen Teil werde mit mir nehmen, um sie im nächsten Leben zu bearbeiten. Der Körper ist jetzt begraben, ich bin bereit zu gehen. Es ist wie ein Aufbruch. Ich bewege mich wie eine Rakete.
Kannst Du entscheiden, wie viel von der Wut Du zurücklässt?
Ja.
Für wie viel entscheidest Du Dich?
Ungefähr ein Viertel. Jetzt kann ich die Wut kontrollieren, sie beherrscht mich nicht.
Weißt du, was mit dem Anteil, den Du zurücklässt, geschieht?
Er hängt sich an die Person, die mir Schaden zufügte. Wir wurden ausgeraubt. Wir waren eine Gruppe und die Verbrecher ließen uns zum Sterben zurück.
Welchen Zweck wird es erfüllen die negative Energie zurückzulassen?
Ich würde sagen Rache, aber es erfüllt einen bedeutsameren Zweck als das. Es ist eine Mahnung für ihn, eine Chance, etwas daraus zu lernen und daran zu wachsen, die Konsequenzen seines Handelns zu erkennen.
Triffst Du diese Entscheidung alleine?
Wir haben das vorher gemeinsam so beschlossen. Er ist eine jüngere Seele und sich der Konsequenzen noch nicht bewusst. Er hat ein schwieriges Leben vor sich, es wird nicht leicht. Er wird daran zurückdenken wann immer er jemand anderen verletzt.

Die Seele erkunden

Dieser Bericht gewährt uns einen faszinierenden Einblick darin, wie eine offenbar relativ erfahrene Seele mit ihrer Entscheidung bezüglich der Aufteilung der Energie einer Emotion verfährt, von der ein Teil in der physischen Welt weiter verwendet und ein Teil mitgenommen wird. Dieses Vorgehen ist noch in keiner publizierten Leben-zwischen-Leben Veröffentlichung erwähnt worden und bildet ein Gegenstück zu dem Entscheidungsprozess der Auswahl von Emotionen für die nächste Inkarnation. Sehr interessant ist Davids Hinweis, dass der ganze Ablauf vorab von den Beteiligten so geplant wurde.

Sein Übergang wird fortgesetzt und er bewegt sich mit hoher Geschwindigkeit durch Schichten, in denen er wiederum „Schichten" und „Gewichte" zurücklässt:

> Es ist, als ob ich von einer Kanone katapultiert würde. Während ich durch die unterschiedlichen Schichten fliege, fühlt es sich an, als ob ich ebenfalls Schichten ablege. Der Druck wird leichter. Ich halte jetzt die Wut und den Schmerz in meinen Armen wie ein Baby. Ah, jetzt wird mir klar, dass es möglich gewesen wäre alle Wut ganz einfach dort zu lassen, aber dann wäre sie zu einer destruktiven autarken Anhaftung bei ihm (der Seele, mit der die Zurücklassung der Wut-Energie vereinbart wurde) geworden.
>
> *Was ist der Unterschied zwischen dem Teil, den Du zurück gelassen hast und einer Anhaftung?*
> Der Teil, den ich zurückließ ist nachdenkliche, sinnvolle Wut. Der Teil, den ich mit mir nehme, ist die racheerfüllte, verzweifelte, blinde Wut. Es gibt schon mehr als genug davon auf der Erde und ich weiß, was ich damit zu tun habe. Ich kann eine nützliche Energie für mich daraus erschaffen.
> *Bist Du an dem Ort angekommen?*
> Ja.
> *Beschreibe ihn bitte.*

Ich habe entschieden, dass er wie ein Teich am Fuß eines Wasserfalls im Dschungel aussehen wird mit Fischen die darin leben.
Hast Du diese geistigen Formen selbst entworfen?
Ja.
Was wirst du dort tun?
Ich schwimme zu einer Insel in der Mitte des Teichs und dort beginne ich damit zu arbeiten, es freizusetzen, zu glätten und zu entwirren. Es ist ein bisschen wie ein Tier zu striegeln, um den Schlamm zu entfernen und das Fell zu glätten.
Machst Du diese Arbeit alleine?
Ja, es ist ganz leicht. Es erinnert mich daran, wer ich wirklich bin.
Was geschieht mit der Energie, die Du entfernt hast?
Wenn sie gereinigt und geglättet ist, nehme ich sie wieder in mich auf und nutze sie als Wissen, als eine zusätzliche Perspektive auf die Erinnerungen dieses Lebens.

Es war schnell zu erkennen, dass David vom Entwicklungsstand seiner Seele her sehr viel mehr Erfahrungen mit dem Heilungsprozess hat als die meisten Leben-zwischen-Leben Probanden. Er hat nicht die geringsten Schwierigkeiten, sich selbst darum zu kümmern, obwohl er einen traumatischen Tod durchlebt hat:

Hast du das früher schon nach anderen Leben getan?
Ja.
Ist das etwas, worin Du eine Ausbildung erhalten hast?
Ja. Ich habe auch schon mit anderen gearbeitet.
Erzählst Du mir mehr über diese Arbeit?
Sie ist so befriedigend. Wenn derjenige, der meinen Tod verursacht hat, mit diesem Leben fertig ist, helfe ich ihm. Es ist schwer zu erklären, es ist wie reinigen, wachsen lassen,

freisetzen und transformieren. Es ist ein noch größeres Vergnügen mit der Energie anderer zu arbeiten, als mit meiner eigenen.
Wie funktioniert dieses Klären von Energie?
Ich kann die Energien der Person sehen und unmittelbar nach ihrem Tod sind sie wie ein verwickeltes Knäuel. Es ist wie eine Kugel aus verknoteten Strängen, die sich im Inneren befindet und wir holen sie gemeinsam heraus und ich helfe ihnen sie zu entwirren. Es ist ein sehr vertrauter Vorgang und benötigt viel gemeinsames Vertrauen und Einfühlungsvermögen. Du kannst nicht einfach danach greifen und daran ziehen, du musst wissen, was die einzelnen Stränge darstellen, jeder davon ist ein Gefühl oder ein Gedanke. All die Ängste, Wut und Schmerzen. Auch darum habe ich etwas davon bei ihm zurückgelassen, so dass ich mit ihm damit arbeiten kann, sobald sein Leben zu Ende ist.
Machst Du das auch mit anderen Seelen?
Das ist nicht meine Aufgabe. Es ist etwas, das ich mit denjenigen mache, mit denen ich unmittelbar zusammenarbeite, aber nicht das, was ich immer tue.
Gibt es andere Seelen, die sich darauf spezialisiert haben, diese Arbeit zu tun?
Ja. Nicht ausschließlich, sie haben auch noch andere Aufgaben, aber sie arbeiten sehr intensiv an dieser Aufgabe. Sie arbeiten mit vielen anderen Seelen.
Welche Bezeichnung gibt es für diese Art Arbeiter?
Sie sind Heiler.

Wir wissen also jetzt, dass David unter anderem als Heiler ausgebildet wurde. An diesem Bericht ist unter anderem faszinierend, dass er es als seine Aufgabe sieht mit weniger erfahrenen Seelen zu arbeiten, und dass in diesem Leben von den Beteiligten vorherbestimmt wird, dass er durch die Seele, die er

Heilung finden

unterstützt, ermordet werden würde. Er hinterließ gezielt emotionale Energie, die ihren Lernprozess unterstützen würde und wird nach dem Tod dieser Seele an der Heilung dieser Seele mitwirken.

Eine allgemeine Beobachtung dieser unterschiedlichen Berichte über das Ablegen von Schichten, das Durchqueren von Schichten und die damit verbundene Heilung ist unter anderem eine Bestätigung, dass Seelen die Energie ihrer Umgebung entsprechend ihrer persönlichen Bedürfnisse gestalten. Einige beschreiben heilende Energiegüsse, oder Orte, die Tempel oder Krankenhäusern ähneln, in denen die Heilung erfolgt. Andere erleben sehr einzigartige, persönliche Erfahrungen. Die Schilderungen und die Erklärungen zu den Beschreibungen unterscheiden sich erheblich, bieten damit aber oft eine gute Korrelation zum Erfahrungsstand der Seele. Da die Variationen dieses Abschnittes aber nicht nur persönliche Vorlieben widerspiegeln sondern auch dem Ausmaß an traumatischen Erfahrungen im jeweiligen Leben sowie dem Ausmaß an Unterstützung, die deshalb benötigt wird, gerecht werden, ist es ratsam keine allzu großen Schlüsse bezüglich der Reife oder Weisheit einer Seele zu ziehen.

Veronica Perry und Liam Thompson wiesen darauf hin, dass alle Seelen einen entsprechend ihrer Bedürfnisse angepassten Heilungsprozess durchlaufen. Es kann angenommen werden, dass alle Seelen einen elementaren Heilungsprozess erfahren, die Schilderung des Durchquerens ist daher wahrscheinlich einfach nur eine umfassendere Darstellung eines Heilungsvorgangs. Die physischen, dichteren Energien werden zuerst entwirrt und abgestreift, dann folgen Gefühle und leichtere Energien, so dass die Seele in ihrer Umgebung mit den veränderten leichteren Schwingungen gut agieren kann. Dies zeigt uns, dass der Durchquerungsprozess wesentlich dazu beiträgt den profunden Wechsel von der physischen Welt zum Seelenbewusstsein in der geistigen Welt zu vollziehen. Es scheint so als ob Reinigungsprozesse nötig sind damit sich die Seelenenergie anschließend wieder den höheren Schwingungen der geistigen Welt anpassen kann.

TRAUMATA VERARBEITEN

Newton weist darauf hin, dass der Heilungsvorgang für Seelen, die traumatische Leben hinter sich gebracht hatten, erheblich aufwändiger ist. Er beschreibt eine Art Notfallzentrum für stark traumatisierte Seelen, in dem diese „neugeformt" oder sogar durch Übertragung neuer, reiner Seelenenergie „um modelliert" werden. Nach seinen Informationen erhalten Seelen mit leichteren traumatischen Erfahrungen umfassende Unterstützung zur Neuorientierung in Form eines unmittelbar nach der Rückkehr stattfindenden Rückblickgesprächs mit dem geistigen Führer. Außerdem erhalten sie entweder zuvor oder danach eine Form der Energieheilung. Ein Klient von Cannon beschrieb einen „speziellen Ort an den beschädigte Seelen gehen, um sich zu erholen und wiederherzustellen".

Unsere Probanden bestätigen diese Berichte und ergänzen sie, wie man z.B. David Stephens' Bericht über die „Entwirrung von Energie" und die Aktivitäten spezialisierter Heiler entnehmen kann. Auch Veronica Perry berichtet in ihrem zweiten Leben-zwischen-Leben Bericht über ihre Mitarbeit an einer Notfallsitzung für eine erheblich traumatisierte Seele. Bedeutsam ist, dass sich ihre Vorkenntnisse ausschließlich auf eine komplett unterschiedlich verlaufende erste Leben-zwischen-Leben Sitzung stützen. Ihre Erzählung ist so aufschlussreich, dass ihr Bericht hier vollständig wiedergegeben wird:

> Ich sehe eine Seele, die soeben gestorben ist und gehe zu ihm, um ihm zu helfen. Er hat gerade seinen Körper verlassen und

ist immer noch sehr mit der physischen Welt verbunden. Er hat große Schwierigkeiten das Licht zu finden und ich helfe ihm dabei. Er ist unglaublich wütend, weil er noch nicht bereit war, zu gehen. Ich gehe also zu ihm und nehme seine Hand und versuche, ihm meine ganze Liebe zu geben, muss aber gleichzeitig darauf achten, entschieden und fest zu ihm zu sein. Ich sage ihm, dass er gestorben ist und zum Licht kommen soll wo er alles bekommen wird was er braucht. Ich muss sehr entschieden mit ihm sein damit er schließlich loslassen kann und mit mir in das Licht geht. Die erste Stufe der Heilung ist sehr mühsam für ihn, es ist fast schmerzhaft, dabei zusehen zu müssen.

Wie genau wird es gemacht?

In unserer Gruppe sind wir sieben. Diese Seele benötigt viel Heilungsenergie. Wir behandeln ihn fast als ob er noch einen Körper besäße, weil er sich selbst immer noch in physischer Form sieht und noch sehr körperlich empfindet. Seine Energie ist jetzt noch sehr rigide, fast stofflich, deshalb haben wir anstelle des Durchquerens von Schichten einen Raum mit einem Tisch für ihn kreiert.

Raum und Tisch werden für ihn kreiert, oder erzeugt er sie selbst?

Wir erschaffen das mit ihm gemeinsam. Er und wir als seine Helfer und Lehrer wissen intuitiv, was erforderlich ist. Wir müssen nicht darüber nachdenken.

Was geschieht als nächstes?

Wir gruppieren uns um ihn herum und leiten die Heilung ein. Wir müssen zuerst seinen Energielevel anheben, bevor wir ihm helfen können, die verbliebene dichte Energie und Negativität freizusetzen. Jeder Körper weist eine Aura auf und seine Aura, sein Energiekörper, ist verdichtet und komprimiert. Sie ist so winzig, dass er auch in energetischer Form fast noch stofflich ist und das erschwert ihm jegliche

Freisetzung negativer Energien. Wir müssen also versuchen, seine eigene Energie zu erhöhen und die Negativität abzumildern, bevor wir wirklich anfangen können. Es ist vom Kraftaufwand her so unterschiedlich wie Stahl und Käse schneiden zu müssen. Wir bahnen der Energie einen Weg, damit er sich entspannen und die Energiearbeit beginnen kann, er hatte ein sehr schwieriges Leben.
Welches Trauma durchlitt er?
Als Kind wurde er brutal von einem Onkel missbraucht und dies führte dazu, dass er sich rachsüchtig, aggressiv und gewalttätig entwickelte. Er muss sich nicht nur mit dem Missbrauch den er erlitten hat auseinandersetzen, sondern auch mit dem Missbrauch den er anderen zufügte, mit seiner eigenen Aggression und Gewalt. Es ist sehr traumatisch für ihn.
Was tut ihr?
Wir haben es geschafft, seine Energien etwas zu entspannen. Er braucht viel Liebe, das ist einer der Gründe, warum ich hier bin. Da ich den Eindruck habe, dass er es braucht, leite ich ihm eine Menge Liebe zu. Das ist die Voraussetzung dafür, dass er anfangen kann, sich mit den Ereignissen und den Themen dieses Lebens auseinanderzusetzen.
Muss er als Teil der Heilung einige dieser Aspekte nochmals durchleben?
Ja, das muss er.
Wie geschieht das?
Indem er einige der Vorgänge seines Lebens noch einmal durchlebt. Er wird fähig sein, einige der Ereignisse, an denen seine Energie festgehalten hat, loszulassen, weil er hier imstande ist, sie besser zu verstehen.
Hat er hier einen besseren Einblick als auf der Erde?
Ja. er hat einen Überblick über die Vorgange und sieht sie nicht nur aus seiner Perspektive, sondern auch aus der

Perspektive aller anderen, die mit ihm dieses Leben teilten. Er erhält ein tieferes Verständnis zu den Geschehnissen.
Wenn Menschen im irdischen Reich Ereignisse wiedererleben kann das emotional sehr aufwühlend sein. Gilt das auch für die geistige Welt?
Das ist ganz anders. Es ist nicht so, dass es keine emotionalen Ausbrüche gibt. Sie sind wichtig und gehören mit zu den Vorgängen, die wir auslösen möchten. Er muss diese Gefühle, die Wut und die Angst loslassen, da sie sehr dichte Emotionen, und deswegen für seine Seelenenergie hinderlich sind. Die Gefühle sind auch für die Seelengestalt sehr intensiv, aber man kann es nicht vergleichen zu dem Erleben in einem Körper. Die Freisetzung von Emotionen in menschlicher Gestalt ist so überwältigend, man spürt sie in jeder Faser. In Seelengestalt spürt er auch unmittelbar Freiheit durch das Beseitigen dieser dichten Emotionen. Das ist ähnlich wie das Freisetzen von negativer Energie beim Durchwandern der Schichten.
Das intensivste Gefühl ist aber die eigene Energie endlich wieder in ihre wahre Form ausdehnen zu können. Auch er kann das spüren während alle seine negativen, dichten und heftigen Gefühle beseitigt werden. Das neue intensive Gefühl, das er jetzt spürt ist seine Seelenenergie, die sich endlich wieder ausdehnen kann.
Wie geht es mit ihm weiter?
Nach jeder entfernten Schicht erhält er viel Heilungsenergie.
Erkläre mir diese Schichten bitte.
Das Entfernen der zweiten Schicht ist eine Art friedvolles Reinigen.
Wie macht ihr das?
Wir sind immer noch zu siebt bei ihm, aber jetzt brauchen wir weder einen Raum noch einen Tisch. Er erholt sich hier, umgeben von reinigenden Energien, die ihn dabei unterstützen, damit er mit dem Trauma des Sterbens und der

Anstrengung des Entfernens der oberen Schichten abschließen kann.
Zieht er zu anderen Schichten weiter?
Ja. Obwohl er die emotionalen Bindungen der traumatischen Erlebnisse freigelassen und gereinigt hat, müssen seine Energien nachgestimmt werden, da er an so vielem festgehalten hatte.
Bist Du an diesem Nachstimmen beteiligt?
Nein. Ich war zu anderen Gelegenheiten schon beteiligt, aber dieses Mal nicht.
Was tust Du, wenn Du daran beteiligt bist?
Ich sehe viele Symbole und Heilungslicht in verschiedenen Farben. Jemand steht unterhalb dieser Lichtheilungsenergie und wird von ihr umspült. Es hilft der Seele, Lücken und Mangelbereiche aufzufüllen.
Haben diese Energien in den anderen Schichten unterschiedliche Schwingungen?
Ja, ihre Schwingungen sind außerordentlich hoch. Du hältst Dich von ihnen fern, wenn Du sie nicht brauchst.
Ist das Durchwandern der Schichten mit dem Wechsel eines Ortes zum nächsten in der geistigen Welt vergleichbar?
Ja, es ist vergleichbar einer Reise von der Pforte in die geistige Welt durch die geistige Welt selbst, aber das ist ja nur der Anfang.

Dieser Bericht ist aus mehreren Gründen von großer Wichtigkeit. Er bestätigt die Annahme, dass das Durchqueren verschiedener Schichten ein fundamentaler Vorgang ist, der an allen Übergängen beteiligt ist. Es bestätigt, dass es ein Zusammenspiel zwischen den geistigen Führern und den zurückkommenden Seelen bei der Gestaltung der angemessenen Sichtweise/dem Erleben der Umgebung besteht. Beispielhaft dafür sind der Raum und der Tisch, die von allen Beteiligten während des ersten Grads der Heilung ohne Aufwand oder Nachdenken kreiert wurden. Schließlich bestätigt es die Ansicht, dass eine Art Rückblick auf das Vorleben bei stärker traumatisierten Seelen Teil des Heilungsprozesses ist.

Besondere Ruheorte

Obwohl es bestimmte Ähnlichkeiten und Überschneidungen zwischen Heilung und Erholung gibt, scheint es, als ob stärker traumatisierte Seelen mehr Zeit und Ruhe zur Erholung benötigen. Ein gutes Beispiel dafür ist Liam Thompson und obwohl wir sehen konnten, dass die initiale Heilung relativ unkompliziert verlief, war seine Seele ganz eindeutig durch seinen Selbstmord traumatisiert. Er berichtet, dass er aus diesem Grund eine besondere Ruhephase durchlaufen wird, die beginnen wird, sobald er einige weitere Übergangsprozesse abgeschlossen hat:

Was tust Du als nächstes?
Ruhen.
Wohin gehst Du dafür?
An einen Ort an dem einen Energie umfängt wie eine warme Decke.
Welchem Ziel dient diese Ruhepause?
Um mich vollständig zu erholen. Manchmal bleiben die Leute sehr lange hier, je nachdem wie hart ihr vorhergehendes Leben war.
Diese Ruhezeit hängt also mit Deinem letzten Leben zusammen?
Ja. Normalerweise reicht aber zugeführte Energie, die man bei der Rückkehr erhält.

Die Seele erkunden

Seelenenergie erneuern

Die Entscheidung darüber, wie viel Seelenenergie in eine Inkarnation mitgenommen wird, wenn die Seele in das physische Reich zurückkehrt, ist wohl überlegt. Die Seelen-Energie verschmilzt mit dem physischen Körper während die verbleibende Seelenenergie in der geistigen Welt weiter ihren Aufgaben nachgehen kann. Dieser Aspekt ist nur von Newton genauer untersucht worden. Er betont, dass Seelen den Zeitpunkt dieses Prozesses selbst wählen können. Manchmal treffen sie diese Entscheidung schon während des Heilungsprozesses oder der Reorientierungsphase, meist aber erst nachdem sie wieder in ihre Seelengruppe zurückgekehrt sind.

Auch das wird von unseren Probanden bestätigt. Katja Eisler regressierte in ein Vorleben eines mexikanischen Bauers, der seinem Esel mehr Beachtung schenkte, als den Menschen um ihn herum. Nachdem sie von einem Blitz getroffen wurde, führt sie einige Nachgespräche und trifft ihre Seelengruppe, bevor sie, unterstützt von ihrem geistigen Führer Merlo, Heilungsenergie erhält:

Was sagt Merlo?
Er fragt mich, ob ich in eine Art Heilungsraum gehen möchte.
Beschreibe was geschieht, als Du dort eintriffst.
Es ist ein kleines schimmerndes Gebäude aus Holz. Ich gehe hinein und es befindet sich eine Dusche darin. Sie ist aus Energie, aber ich kann sie sehen, ich könnte sie berühren, und sie schimmert ebenso wie das Gebäude.
Was geschieht als nächstes?
Ich nehme eine Art Dusche unter dieser flüssigen Energie. Ich werde leichter und meine Hände prickeln, aber ich habe immer noch Schmerzen in meinen Armen. Ich kann leuchtende

Heilung finden

Energietropfen sehen. Sie waschen alle alten Ablagerungen fort.
Wie fühlst Du Dich?
Es geht jetzt alles viel schneller, ich fühle mich gestärkt und ganz.
Hast Du Dich schon mit Deiner Seelenenergie vereint?
Nein. Ich fliege regelrecht nach draußen. Ich sehe den zu Hause gebliebenen Teil meiner Energie, sie sieht aus wie eine Flamme und ich freue mich, sie zu sehen.
Das ist die Energie, die Du zurückgelassen hast?
Ja, ich bin ganz sicher, dass sie es ist.
Wie weißt Du, dass es Deine ist?
Ich kann die Verbindung fühlen, eine unsichtbare Verbindung wie ein Tau.
Wie verbindest Du Dich mit dieser Energie?
Wir verschmelzen. Ich fühle mich stärker, viel stärker und zuversichtlicher.

Liam Thompson vereinigt sich nach seinem Selbstmord im Vorleben erst nachdem er Heilung erhalten und eine lange Ruheperiode absolviert hat:

Hast Du Dich mit dem Rest Deiner Seelenenergie schon vereint, oder steht es Dir noch bevor?
Es wird jetzt passieren.
Beschreibe wie es geschieht.
Mein Lehrer hält eine Art Krug, aber es ist kein Krug. Darin befindet sich eine Art Licht und das ist meine Energie. Ich fühle meine Energie pulsieren. Er weiß, wo sie gebraucht wird. Es fühlt sich an wie bei Magneten. Er hebt den Deckel und schon ist es passiert. Vereint.
Wie fühlt es sich an?

Mächtig. Sehr mächtig. Ich nahm nicht genug Energie mit auf die Erde. Hmm.

Obwohl sie, wie schon beschrieben, eine erste Heilung erhalten hat, besucht Lene Haugland erst einige Bibliotheken, bevor sie sich mit ihrer Energie vereinigt. Sie beschreibt es als ein Gefühl als ob sie sich in „einer wirbelnden Kugel konzentrierter Energie befände, deren kleine Lichtteile durch sie hindurch gingen". Sie betont ausdrücklich, dass es ihre Entscheidung war, die Verschmelzung erst nach ihrem Besuch der Bibliotheken zu vollziehen. Während ihrer ersten Sitzung bestätigt Veronica Perry die Wichtigkeit der Wahl des Zeitpunkts der Wiedervereinigung:

Hast Du Dich mit dem Rest Deiner Seelenenergie schon vereinigt?
Ja, ich habe es als einen Teil des Heilungs- und Reinigungsprozesses vollzogen, aber frühere Male habe ich es zu anderen Gelegenheiten durchgeführt.
Was geschah bei diesen früheren Anlässen?
Zu früheren Zeiten musste ich gereinigt werden und erhielt anschließend Heilung und vereinigte mich anschließend. Dieses Mal war es ein reines Leben, also konnte ich es sofort vollziehen. Die Energien, die ich mitbrachte, waren weder zu schwer noch zu störend.
Wie fühlt es sich an, gereinigt und mit Deiner Seelenenergie wiedervereint zu sein?
Ich fühle mich ganz leicht und vollständig. Es ist schön, wieder zurück zu sein.

In allen Berichten wird deutlich, dass es eine individuell richtige Reihenfolge für das Ablegen der nicht mehr nötigen Schichten gibt, und einen richtigen Zeitpunkt für die Nachbesprechung des vollendeten Lebens. Die Wiedervereinigung mit der verbliebenen

Heilung finden

Seelenenergie ist ein weiterer Schritt des Heilungs- und Entfaltungsvorgangs der Seele und stellt in der Regel den Abschluss der Wanderung durch die verschiedenen unteren Schichten der geistigen Welt dar. Der Grund für eine gelegentliche Verzögerung bei der Verschmelzung mit der verbliebenen Seelenenergie wird von einem von Newtons Klienten mitgeteilt. Er berichtet, dass sie es manchmal vorziehen, sich erst nach der Nachbesprechungen des vergangenen Lebens wieder zu vereinen, um zu verhindern dass die durch die Verschmelzung veränderte Seelenperspektive zu stark zum Tragen kommt.

Die Seele Erkunden

3

BESPRECHEN DER VORLEBEN

*Wenn Du die Wahrheit außerhalb Deiner Selbst suchst
zieht sie sich immer weiter zurück.
Heute gehe ich alleine und
treffe ich sie auf jedem Schritt.
Hast Du sie auf diese Weise verstanden,
wirst Du mit ihr verschmelzen.*
Tung-Shan, Chinesischer Zen Meister, 9tes Jahrhundert.

Fast alle traditionellen religiösen Ansätze enthalten die Vorstellung, dass die Seele nach ihrem Tod vor ein Gericht tritt. Die alten Ägypter arbeiteten verbissen daran sicherzustellen, dass die Beurteilung ihres Herzens "das auf die Waagschale im Gerichtssaal des Osiris gelegt wurde" positiv ausfallen würde. Nur dies konnte die Unsterblichkeit ihrer Seele sichern, da ein negativer Ausgang die Zerstörung derselben zur Folge hatte. Die Elite ihrer Gesellschaft wendete erhebliche Geldbeträge für Inschriften aller Zaubersprüche auf den Wänden der Grabkammern und ihrer Sarkophage auf, die sicherstellen sollten, dass sie diesen Test bestanden.

Im alten Ägypten gab es also die abschließende Vorstellung dass unwürdige Seelen zerstört würden. In Mesopotamien gab es im Gegensatz dazu die Vorstellung, dass diejenigen, die von den

Göttern, die "ihr Schicksal bestimmten" negativ beurteilt wurden, dazu verdammt waren, in einer „Unterwelt", einem grauen Limbus, zu existieren. Schlimmer noch, als dieser Einfluss in den jüdischen und den christlichen Glauben einfloss, wandelt sich diese Vorstellung in eine immerwährende Peinigung derer, die als unwürdig eingestuft wurden. Es ist anzunehmen, dass das Hauptmotiv dieser Entwicklung nicht auf neuen spirituellen Erkenntnissen beruhte, sondern dem Wunsch nach Kontrolle über die bildungslose Mehrheit geschuldet war. Was könnte auch erfolgreicher sein, als sie mit ewiger Verdammnis und Pein zu bedrohen, falls sie daran dächten, sich unliebsam zu verhalten?

Wie sieht also die Realität nach den Berichten über das Leben zwischen den Leben aus? Die Pioniere und Probanden in diesem Buch beantworten diese Frage, indem sie berichten, dass nicht gerichtet wird. Das Vorleben wird, häufig mit Unterstützung anderer Seelen, besprochen. Ihre Unterstützung ist tröstlich und bietet eine Perspektive und Klärung bei der Rückschau.

Perspektive der Seele

Das vorherige Kapitel behandelte den Übergangs- und Heilungsprozess, der eng mit dem gerade gelebten Leben und den daraus resultierenden Emotionen verknüpft ist. Einige Seelen benötigen eine sofortige Einsatznachbesprechung, die Elemente der Vorlebensrückschau beinhalten. Veronica Perrys traumatisierter Patient benötigte "Unterstützung um ihn an einen Ort zu bringen, wo er Rückschau auf einige der Geschehnisse halten und beginnen konnte, sich mit den Herausforderungen dieses Lebens auseinanderzusetzen". Damit verbunden war die Vorstellung, dass seine Seele auf einmal dazu fähig war, seine Handlungen aus einer weitaus objektiveren Perspektive zu sehen: „Er kann die Vorkommnisse nicht nur aus seiner, sondern auch aus der Perspektive der mit ihm in diesem Leben verbundenen Personen sehen".

Whitton berichtet, dass "die Anderen zugefügten Schmerzen so eindringlich verspürt würden, als ob sie einem selbst zugefügt worden wären". Newton berichtet im Fall von Unthur, dass dieser während seiner Rückschau „mental in den Körper eines kleineren Kindes schlüpfte, das von ihm auf dem Schulhof drangsaliert worden war und er die Schmerzen, die er diesem zufügte, spüren durfte".

Durch Berichte über Nahtoderfahrungen, die Elemente der Lebensrückschau enthalten können, wird der Gedanke, dass ein Ereignis tatsächlich aus der Perspektive der anderen Person erlebt wird, bestätigt. Die Seelenperspektive, über die in diesem Kapitel berichtet wird, befasst sich mit dem Teil der Vorlebensrückschau, der aufzeigt, wie sich unsere Taten und Gedanken auf uns selbst und eben auch auf andere auswirken. Die durch diese Rückschau erhaltenen tiefen Einsichten können kaum besser durch eine andere Erfahrung während des aktiven Lebens gewonnen werden.

In Ruhe nachdenken

Einigen Seelen offenbart sich die Wahrheit bezüglich ihrer Fehler erst nach ihrem Tod. Obwohl dies kurzfristig zu neuen Spannungen führen kann, wird in den meisten Fällen schnell eine angemessene Perspektive mit Unterstützung der Geistlehrer erreicht.

David Stephens scheint erfahren genug zu sein, diesen Prozess alleine durchlaufen zu können. Während des von ihm selbst durchgeführten ersten Heilungsprozesses bearbeitet er die Themen seines Lebens als in der Wüste zum Sterben zurückgelassener Mann in Arabien. Dies gilt auch für Lene Haugland nachdem sie ihr Leben als indianische Frau, die an Altersschwäche starb, beendet hatte. Nicola Barnard, die während eines Erdbebens ums Leben kommt berichtet dass sie sich bezüglich ihres Ablebens nach ihrer Heilung gelassen und heiter fühlt. Es scheint also, als ob schon der Heilungsprozess selbst für manche Seelen zu diesem Zeitpunkt, auch ohne einen ausführlichen Lebensrückblick, ausreichend ist.

Dass wir selbst unsere schärfsten Kritiker sind, ist eine Beobachtung von Lisbet Halvorsen. Sie regressierte in ein Leben als Aufseher eines Sklavenschiffs im zentralen Mittelmeer der im Alter von sechzig Jahren an einer Vergiftung stirbt. Sie bereut dieses leere und materialistische Leben zutiefst:

> Ich bedauere dieses armselige Leben sofort... Ich will nur schnell fort.... Ich schäme mich so... Das war ein furchtbares Leben... Ich bin jetzt alleine und entsetzt, wie einfach es war, ein bedeutungsloses Leben zu führen. Wie einfach es war nur meinen Instinkten zu folgen und komplett abgeschnitten zu sein. Wie einfach nur an sich selbst zu denken. Ich habe mir überhaupt nichts dabei gedacht und jetzt sehe ich dieses Licht vor mir und denke „wie konnte ich ohne Liebe leben und mir gegenüber so völlig unkritisch sein?" Ich denke einige Menschen, die ich in diesem Leben kenne, teilten auch dieses Leben mit mir und ich war ihr Anführer. Ich habe sie alle dazu verleitet sich so dumm zu verhalten. Ich habe sie verbal manipuliert und wir alle glaubten, wir täten nur, was wir tun müssten.

Einer ungewöhnlichen Wendung folgend erlebt sie dann eine Lebensrückschau mit ihrem geistigen Lehrer, der sich aber im weiteren Verlauf als ein Mitglied ihrer Seelengruppe herausstellt. Während des Gesprächs wandelt sich ihre Reue zu Irritation als sie sich erinnert dass sie vorab zustimmte, dieses Leben als Teil einer Art Experiment zu übernehmen:

Besprechen der Vorleben

Mein Lebensrückblick geht zügig voran …. Ich spreche jetzt mit meinem Lehrer, dieser älteren Person, jemand, dem ich vertraue, der mich versteht. Er fragt mich „Na, was denkst Du, wie es gelaufen ist?" Ich antworte ihm „ich hätte nie gedacht, dass es möglich ist, auf die Erde zu kommen und sich nicht an die wichtigen Dinge erinnern zu können" und er sagt darauf „siehst Du, es ist so einfach, zu vergessen"… Tatsächlich bin ich etwas wütend, weil ich mich überlistet fühle. Es ist als ob wir eine Wette abschlossen und ich dachte, ich wäre so klug. Eigentlich ist er nicht mein Lehrer, er ist ein Freund. Er sagte „Du denkst, du weißt alles, aber wenn die Bedingungen entsprechend sind, ist es möglich solch ein leeres Leben zu führen". Ich nahm diese Herausforderung an, es hat sich bestätigt und jetzt bin ich wütend… Ich ruhte nicht in mir, ich hatte keine Verbindung zu meinen Gefühlen. Ich habe mich nur auf meinen Intellekt verlassen… Es war so öde und ich bin so verstimmt, dass ich dieses Leben geführt habe. Er lacht mich aus, er meint es nicht böse, er meint damit nur "siehst Du?"

Lisbets Erfahrung kann uns als wichtige Erinnerung dienen wie schnell wir, eingebunden in den Alltag der physischen Welt, unsere intuitiven, spirituellen Anteile ignorieren. Die einzige gute Tat dieses Lebens verdankt sie ihrer eigentlichen Persönlichkeit, die sie intuitiv eine Sklavin erkennen und durch Heirat retten ließ. Offenbar war dieses wichtige positive Element dieses Lebens vorab geplant gewesen:

Ich hatte nur einmal eine Verbindung, als ich diese Frau rettete. Es war die eine Sache, die ich tun sollte und ich tat sie.

Rufen wir uns Magnus Bergens Leben in Italien noch einmal in Erinnerung. Er wurde für seine Äußerungen unrechtmäßig eingekerkert. Er führt seinen Lebensrückblick vollkommen selbständig durch, allerdings findet dieser, im Gegensatz zu Lisbets Rückblick erst nach seiner Heilung und Zusammenkunft mit seiner Seelengruppe statt. Es ist inspirierend zu erleben, dass er keinen Zorn gegen seine Peiniger hegt, obwohl er für seine Prinzipien einen hohen und tragischen Preis zahlte und auf seinem Sterbebett von Depressionen und Traurigkeit geplagt war. Es scheint auch, dass sich aus der distanzierten Seelenperspektive betrachtet die Frustgefühle, die er zum Zeitpunkt seines Todes der Welt gegenüber empfand, verändert haben:

> Ich bin froh, dass es vorbei ist. Ich sehe, wie viel Traurigkeit dieses Leben überschattete... Das Gute daran war, dass ich dem folgte, was ich für richtig hielt und nicht den Glauben daran verlor, für eine gute Sache zu kämpfen. Ich kann sehen, dass es richtig war, nicht aufzugeben und mich nicht einschüchtern zu lassen... Die Kehrseite war zu erfahren, wie es sich anfühlte dort als Mensch zu leben. Die schmerzhafte Trennung von meiner Familie ertragen zu müssen. Eingesperrt zu sein und die Trauer meiner letzten Lebensjahre aushalten zu müssen nachdem meine Arbeit getan war und es keinen Grund mehr für mich gab, weiterzuleben.

Rückblick mit dem geistigen Lehrer

In Einsamkeit durchgeführte Rückblicke wie die im vorhergehenden Kapitel besprochenen scheinen relativ selten zu sein. Die meisten Probanden stellten fest, dass sie ihren Rückblick auf das Vorleben mit ihrem geistigen Lehrer absolvierten. Es handelt sich bei diesen um fortgeschrittene Seelen, die in die

Besprechen der Vorleben

Planung für die Inkarnation des Probanden und die Aufsicht von der geistigen Welt aus eingebunden sind.

Manchmal finden diese Besprechungen nach der Heilung statt, und manchmal nachdem die Seele mit ihrer Seelengruppe wiedervereint wurde. Wie wir feststellen werden, herrscht eher ein flexibler anstelle des erwarteten sequentiellen Ablaufs der Ereignisse im Leben-zwischen-Leben.

Obwohl Veronica Perry nur über minimale Vorkenntnisse verfügt, ist ihre Beschreibung ihres Rückblicks mit ihrem Lehrer Hathwar außerordentlich. Es ist kein langer oder komplexer Vorgang, da sie soeben ein einfaches Leben ohne große Schwierigkeiten absolvierte. Sie bietet eine hervorragende Beschreibung der unterschiedlichen Besprechungsmethoden. Sie nimmt ihre Umgebung als ein „kuppelförmiges Gebäude voll mit funkelnden Kristallen" wahr:

Wir werden über dieses Leben sprechen.
Beginnt der Rückblick mit dem Anfang oder dem Ende des Lebens?
Wir schauen es sozusagen von Anfang an.
Wie schaut ihr es an?
Wir betrachten es auf einem großen Bildschirm.
Welche anderen Möglichkeiten hättet ihr außerdem?
Ich hätte es telepathisch anschauen können und wir hätten es nochmals erleben und an den relevanten Stellen anhalten können.
Wieso hast Du Dich dazu entschieden, es auf einem Bildschirm zu betrachten?
Ich finde es entspannender.
Hast Du jemals vorgezogen, es nochmals zu leben?
Ja.
Aus welchem Grund?

Die physischen und emotionalen Aspekte dieses speziellen Lebens waren sehr wichtig für die Entwicklung meiner Seele. Dieses Leben enthielt einige wichtige Lektionen, die ich auf die richtige Weise in mein Energiesystem integrieren musste.

Gut, erzähle mir, was im Rückblick zu diesem Leben geschieht?

Wir betrachten es auf dem Bildschirm. Es läuft sehr schnell ab. Mein geistiger Lehrer fragt mich, ob es ein gutes, erholsames Leben war.

Was antwortest Du ihm?

Ja. Ich bin wirklich dankbar für dieses Leben, es war fast wie ein Erholungsurlaub.

Was war der Grund für dieses Leben?

Es ging darum sich erneut mit der Natur zu verbinden, Frieden und Liebe in physischer Form zu erleben und ein reiner und aufmerksamer Kanal zum Empfang höherer Schwingungen zu sein.

Bitte fasse kurz zusammen, was in diesem Leben geschah.

Ich wurde in eine gute Familie geboren. Meine Mutter war eine Wicca, eine Heilerin. Sie gab ihr Wissen an mich weiter, und ich vermittelte es meinem Sohn und meiner Tochter. Ich hatte einen guten Ehemann. Ich war von liebevollen Menschen umgeben und genoss mein Leben. Ich hatte Freude an meinen Beziehungen und meiner Familie. Es war ein einfaches Leben ohne Reichtümer oder Glanz, aber es war ein Leben ohne Schmerzen und traumatischen Erfahrungen.

Sprichst Du mit Deinem geistigen Lehrer über die Trauer, diese Menschen am Ende dieses Lebens verlassen zu müssen?

Das empfinde ich jetzt nicht mehr. Ich war traurig, weil ich sie alle so liebte. Ich beobachtete sie gerne dabei, wie sie erwachsen wurden und ihr Leben sich wandelte und sie zu den Menschen wurden, die sie werden sollten. Ich weiß, dass ich sie auch von hier aus beobachten kann.

Besprechen der Vorleben

Dies ist ein wichtiger Hinweis für uns alle, dass die einfachen Dinge im Leben viel erfüllender sind als materieller Reichtum und Macht. Veronicas Einstellung ihren Freunden und ihrer Familie gegenüber ist vorbildlich, so wie auch deren Haltung und ihre Segnung zum Zeitpunkt ihres Todes. Die drei Methoden der Rückschau, per Bildschirm, telepathischer Verbindung mit dem Lehrer oder dem nochmaligen Erleben der Ereignisse, werden durch Nadine Castelle bestätigt:

Ich soll zu meiner Lebensrückschau gehen... Mein Lehrer, Anrian, kommt mit... Es ist ein Raum mit Tischen, viele Leute sitzen dort an langen Tischen... der Raum ist konkav und kreisförmige Lichter erzeugen eine Umfriedung... man schafft sich die Umgebung, die man sehen möchte. Ich sehe sie in Energieform... auch andere Energiegestalten arbeiten dort per Rückschau an ihrem Vorleben .... Ich führe meine Beurteilung selbständig durch... um zu sehen ob ich zufrieden bin... ich kann es in jeder Weise sehen, die ich möchte. Ich kann mein Leben in einer Rückschau sehen, oder noch einmal fühlen wie es war, oder mich über die Energie damit verbinden, um zu sehen, ob es mit meinen Absichten übereinstimmte... Falls ich Hilfe brauche und um sicherzustellen, dass ich mich am richtigen Ort befinde ist mein Lehrer bei mir. Ich werde wissen, ob ich etwas hätte tun sollen, das meinen eigentlichen Absichten nicht entsprach.

Wir können annehmen, dass "das Leben in einer Rückschau betrachten" Veronicas "Bildschirm" entspricht, "das Leben noch einmal fühlen" ein telepathischer Rückblick sein dürfte und "sich energetisch mit dem Leben zu verbinden" einem nochmaligen Erleben dieser Inkarnation gleicht. Im weiteren Verlauf wird deutlich dass Nadine ihre Pläne für das Leben als Arzt nicht ganz umsetzen konnte:

> Ich konnte die energetische Struktur der Körper meiner Patienten in Ordnung bringen, wenn sie krank waren... mir war nicht erlaubt zu sagen, was ich tat. In menschlicher Gestalt ist es einem nicht wirklich bewusst, man fühlt es. Ich tat es, aber mir fehlte es an Wissen und das entsprach nicht meinen Absichten... Meine Absichten... Meine Absicht war, mir meiner Fähigkeiten bewusst zu sein... manchmal übertrug sich die negative Energie zum Beispiel einer Wunde auf mich und ich wusste nicht wie so etwas zu entfernen war.

Damit bezieht sie sich erneut auf die Anhaftungen negativer Energien ihrer Patienten an ihre eigene Energie, die sie beim Übertritt in die geistige Welt abstreifen musste. Allerdings scheint sie sich vor allem damit zu beschäftigen, warum es ihr nicht möglich war, die Kenntnisse ihrer Seele zur Energieheilung vollständig umsetzen zu können und weniger darum, wie sie diese Anhaftungen während dieses Lebens hätte vermeiden können. Sie beschließt ihre Rückschau mit einigen Hinweisen für ihre zukünftige Arbeit sowohl in der geistigen als auch in der physischen Welt:

> Ich muss meine Arbeit zur Wahrnehmung von Energiefeldern und ihre Wirkung auf die Materie weiterführen... ich nahm sie nicht wahr und das irritiert mich.

DIE BIBLIOTHEK DER LEBENSBÜCHER

Im vorherigen Abschnitt bestätigte Nadine dass die Wahrnehmung der Umgebung, in der ein Lebensrückblick geführt wird, von den Seelen selbst gewählt wird. Dies trifft auf alle

Besprechen der Vorleben

Ereignisse in der geistigen Welt zu. Die bevorzugte Kulisse einiger Probanden ist eine Bibliothek.

Ein schönes Beispiel dafür ist Marta Petersons Rückblick ihres Lebens als junges jüdisches Mädchen während des zweiten Weltkriegs in Warschau, mit ihrem geistigen Lehrer Fallon, der mit der Beschreibung einer Bibliotheksumgebung beginnt:

Ich muss zu meinem Studienort, um meinen Lehrer zu treffen.
Beschreibst Du es?
Es ist sehr abgeschieden, aber ich habe nicht weit, wenn ich etwas brauche. Es sieht wie eine der Bibliotheken im antiken Griechenland aus und ist von großen Säulen umgeben. Sie ist weiß und viele Stufen führen zu einem Haupteingang. Sie scheint ein Dach zu haben, aber von drinnen sieht es nicht wie ein Dach aus und man kann nach weiter oben sehen.
Beschreibe das Treffen mit Deinem Lehrer.
Wir treffen uns drinnen. Er trägt eine üppige weiße Robe, die seine Energie verbirgt. Das tut er meinetwegen, das weiß ich.
Wie heißt Dein Lehrer?
[Pause] Etwas mit "m". [Pause] Ich kann es nicht aussprechen… Sein Spitzname ist Fallon.
Gut, erzähle bitte was bei diesem Rückblick passiert.
Wir gehen einen Flur entlang und setzen uns in den Garten unter einen Baum, dort wo ich am liebsten sitze.

Ein Charakteristikum der Beschreibung einer Bibliothekskulisse ist, dass sie "Lebensbücher" enthält. Marta beschäftigt sich jetzt mit dem ihren und erklärt, dass es, ähnlich wie ein kleiner Bildschirm, aktiviert werden kann:

Ich gehe in den Lesesaal zurück, wo ein Buch mit meinem Namen auf dem Buchumschlag für mich bereitgestellt ist.
Wovon handelt es?

Es enthält meine Vorleben.
Wie stellst Du es an, es zu lesen?
Mein Name ist rückwärts geschrieben. Ich lese es von rechts nach links.
Warum?
Ich bin nicht sicher, aber so lesen wir es.
Wie funktioniert das?
Wenn ich es aufschlage, enthält es kleine Filme. Ich konzentriere mich darauf, was ich sehen möchte und es erscheint.

Während sie fortfährt, finden wir heraus, dass sie ihr Lebensbuch zu Rate zieht, um bestimmte Handlungsstränge, die sich über mehrere ihrer Vorleben erstreckten, und deren Auswirkungen auf ihr nächstes Leben, zu überprüfen:

Ich konzentriere mich auf die Tatsache, dass ich in den meisten meiner Leben alleine gearbeitet habe.
War das ein Problem, oder gefällt Dir das so?
Meistens gefällt es mir, aber es ist ein einsames Leben und ich denke, dass es Zeit für mich ist, enger mit anderen zusammenzuarbeiten, weil wir stärker sind, wenn wir zusammenarbeiten.
Hast Du das Buch beendet?
Ja.
Fällt Dir sonst noch etwas ein?
Mein nächstes Leben wird anspruchsvoller sein und nicht wie mein gerade beendetes, in dem ich für eine andere Person sorgte.
Weißt Du, welche Aufgaben Du bearbeiten wirst?
Ich möchte kreativ arbeiten, etwas, womit ich viele Menschen erreichen kann. Ich dachte zuerst an Malerei, aber ich habe darin weniger Erfahrungen als in der Musik.

Besprechen der Vorleben

Du würdest also viele Menschen durch die Musik erreichen können?
Ich habe das schon gemacht. Das kann ich am besten.

Liz Kendrys Vorlebensrückschau in der Bibliothek mit ihrer Lehrerin Inka ist etwas bedrückend. Es zeigt sich, dass sie, obwohl sie lange lebte, nach dem Tod ihres geliebten Ehemanns einfach aufgab:

Ich bin in einer großen Bibliothek mit vielen, vielen Büchern.
Ist noch jemand bei Dir, oder bist Du mit Inka alleine?
Es sind noch andere Leute da, aber er führt mich zu einem Tisch an den wir uns setzen.
Wie läuft dieser Rückblick ab?
Ich bekomme es in einem der Bücher gezeigt. Es ist wie ein kleines Videogerät in Buchform, das mir bestimmte Szenen vorspielt.
Erzähle mir über die Szenen die Du vorgespielt bekommst und die Unterhaltung mit Inka.
Ich sehe die Sequenz vor meinem Tod. Ich hatte aufgegeben zu lernen und zu leben. Er fragt mich, wie es sich anders hätte umsetzen können.
Was antwortest Du?
Ich hätte aktiver sein können, aufgeschlossener. Ich hätte mich nicht selbst bemitleiden sollen. Ich hatte die Chance in der Gegenwart leben zu können, aber ich dachte nur an die Zukunft und den Tod. Es macht mich traurig. Er spult zurück. Ich hatte nach dem Tod meines Mannes einige Chancen, die ich nicht nutzte. Ich hätte auf den Rat bestimmter Leute hören können. Ich hätte einen anderen Weg einschlagen können und wäre in meinen letzten Lebensjahren nicht so traurig gewesen.
Was hat Dich davon abgehalten, diese Ratschläge zu erkennen?

Ich war völlig gefangen im Kummer darüber meinen Mann verloren zu haben. Ich wollte glauben, dass ich nur abwarten brauchte, um wieder mit ihm vereint zu sein. Ich wollte nicht daran glauben, dass mein Leben lebenswert sein könnte.
Gibt Dir dein Lehrer jetzt einen Fingerzeig?
Er sagt, dass es eine absolut normale, menschliche Empfindung war, so zu fühlen, aber er meint, dass ich damit zu weit ging.
Was denkst Du jetzt, vom Standpunkt einer Seele aus betrachtet?
Ich stimme dem zu.
Schaut ihr noch weitere Szenen in diesem Buch an?
Wir schauen zurück auf die glücklichen Zeiten, als unsere Kinder klein waren und wir viel Erziehungsarbeit leisteten, um ihnen ein gutes Selbstwertgefühl und Selbstvertrauen zu vermitteln.
Was sagt Inka dazu?
Er lobt mich für meine Arbeit mit den Kindern, die dazu führte, dass sie einen guten Anfang für ihr Leben hatten. Er zeigt mir weitere Szenen, in denen ich anderen Menschen geholfen habe. Er sagt, dass das eine meiner Stärken ist.

Am Ende der Besprechung wird Liz noch an einen kleinen Zwischenfall erinnert. Dieser ist eine wichtige Erinnerung für uns alle, um uns zu zeigen, dass wir alle als Teil der ultimativen Kraft miteinander verbunden sind:

> Er sagt, ich hätte zu einer bestimmten Person netter sein können. Es gab keinen Grund dafür, warum ich sie nicht mochte. Er zeigt mir, dass wir alle miteinander verbunden sind.

Besprechen der Vorleben

Liz' Fall ist einer der wenigen Fälle, in denen der Proband sowohl mit dem Lehrer als auch mit dem Ältestenrat einen Rückblick absolviert. Deshalb werden wir bald noch mehr über ihre Nachbesprechung herausfinden.

Der abschließende Fall zum Thema Vorlebensrückschau ist der von Liam Thompson dessen Rückblick auf zwei Treffen aufgeteilt ist. Der erste Teil fand sehr früh statt, noch während er den Übergang in die geistige Welt vollzog und bevor er seine Heilungstherapie erhielt. Dieser Teil bezieht sich auf seine Selbsttötung im Vorleben, die diesen Fall so interessant macht, da einige der Pioniere sich einig sind, dass dies auch in der Geistigen Welt nicht gut bewertet wird. Er berichtet, dass er unmittelbar nach Verlassen seines Körpers seinen geistigen Führer trifft, der „empört seinen Kopf schüttelt". Seine Bedenken scheinen berechtigt, da wir herausfinden, dass es sich um ein Muster handelt, das sich auch in seinem gegenwärtigen Leben fortsetzt:

Ich muss gehen und besprechen, was geschehen ist. Schon wieder. Das passiert mir immer wieder.
Weißt Du, wen du treffen wirst?
Meinen geistigen Lehrer. Er steht mit überkreuzten Armen da und schüttelt seinen Kopf. Ich bin der kleine Schüler und er ist der Lehrer. Er hat einen langen Bart und trägt ein weißes Gewand. Er ist sehr liebevoll und warmherzig, aber streng. Er ist schon seit einigen Leben mein Führer.
Spricht er telepathisch zu Dir?
Ja. Aber es ist mehr als Telepathie, auch die Gefühle und alles andere werden übermittelt. Ich kann in seine Seele blicken und er in meine. Wobei er bestimmte Sachen vor mir verbergen kann. Ich bin immer noch dabei zu lernen wie das geht.
Erzähle mir was während der Besprechung geschieht.
Er fragt mich, warum ich immer den einfachsten Ausweg wähle. Ich stelle mich meinen Problemen nicht.

Was antwortest Du?
Ich werde nicht wütend, aber er muss verstehen, dass ich jetzt erst einmal ein unkomplizierteres Leben brauche. Ich habe es wirklich satt diese schwierigen Leben zu führen.
Gibt er Dir einen Rat?
Er sagt mir, dass ich aufhören soll, so viel über alles nachzudenken. Ich muss lernen zu leben, nicht so introvertiert zu sein. Ich muss die Welt um mich herum wahrnehmen, nicht nur mit meinem Innenleben beschäftigt sein. Ich bin mein schlimmster Feind. Was immer ich fühle projiziere ich auf die Welt um mich herum. Die meisten Situationen sind nicht so übel wie sie aussehen, aber ich scheine es schwerer zu machen.
Was sagt Dir Dein Lehrer sonst noch?
Er weiß, dass ich mich etwas ausruhen muss.
Was sagt er zu deiner Selbsttötung?
Während der letzten paar Leben habe ich genau dasselbe getan, also will er sich nicht wiederholen.
Erhältst Du von Deinem Lehrer Informationen über diese Leben, um Dir zu helfen, die Muster zu erkennen?
Ja und er schickt mir auch Liebe.
Frag ihn nach einer Besprechung zu den zwei vorhergehenden Leben, in denen Du Selbstmord begingst.
[flüstert mit sich] Ich kann nichts weiter dazu sagen da ich in diesem Leben gerade in der gleichen Situation bin. Ich muss es selbst lernen.

Selbstmord ist offenbar einer der schlimmeren Umstände, die wir in der Geistigen Welt zu verantworten haben, es sei denn, er steht im Zusammenhang mit einer schweren Erkrankung oder dient einer Lernaufgabe innerhalb einer Gruppe. Allerdings ist dieser Bericht kaum als schwerwiegender Schuldspruch von oben anzusehen. Trotz seiner Offenheit ist Liams Lehrer liebevoll und

Besprechen der Vorleben

fürsorglich und bemüht ihm zu helfen. Es ist auch interessant zu erleben, dass einige der Details der Besprechung blockiert werden, da er in seinem gegenwärtigen Leben mit genau dieser Lernaufgabe konfrontiert ist.

Eine zweite, förmlichere Sitzung findet nach Liams Heilung und dem ersten Wiedersehen mit seiner Seelengruppe statt, in deren Verlauf er sein Lebensbuch betrachtet. In diesem Zwischenleben nennt er den Ort „Halle des Lernens" und nicht „Bibliothek". Es wird diesmal noch klarer, dass seinem Bewusstsein bestimmte, wichtige Informationen durch seinen Lehrer vorenthalten werden:

Ich bin in den Hallen, ich lerne, studiere, ich schaue mir die Lebensbücher an. Mein Lehrer ist bei mir und ich möchte einiges genauer mit ihm besprechen.
Schau Dich um und beschreibe mir den Ort.
Griechisch, mit Marmorsäulen. Riesig, enorm groß und es glitzert.
Was machst Du an diesem Ort?
Ich sitze an einem Tisch. Mein Lehrer sitzt mir gegenüber. Wir besprechen die Ereignisse, die dazu führten, dass ich in meinem letzten Leben so selbstzerstörerisch handelte und wir ziehen die Verbindung zu den vorangegangen Leben.
Kannst Du mir ein paar Einzelheiten erzählen?
Kann ich nicht. Wie gesagt, es ist, weil ich in diesem Leben in der gleichen Situation bin. Ich muss es für mich selbst herausfinden.
Na gut, was passiert als nächstes?
Ich weiß dass wir bei diesem Treffen eine Lösung ausgearbeitet haben. Es gibt immer eine Lösung, aber augenblicklich kenne ich sie nicht.

Offenbar konnten Liam und sein geistiger Lehrer während seiner letzten Leben-zwischen-Leben Besprechung eine Lösung für seine Tendenz Selbstmord zu begehen finden, auch wenn er bei seinem jetzigen Besuch nicht erfahren durfte wie diese Lösung aussieht. Das ist sinnvoll, da die Probanden ihre Leben als „Lernzeit" bezeichnen. Wie wir sehen werden, dienen die während der Zwischenleben geschmiedeten Pläne der Maximierung dieses Zwecks. Diese Pläne werden während der Inkarnation nicht erinnert, da eine Erinnerung daran ihr Lernpotential massiv schmälern würde. Erfahrungen sind nur dann nutzbringend, wenn der eigene freie Wille den Anstoß zur Bewältigung der Lernsituationen gegeben hatte.

Besprechung mit dem Ältestenrat

Die Mehrheit der Pioniere berichtet, dass ihre Klienten zu einem bestimmten Zeitpunkt während ihrer Leben zwischen den Leben ein Treffen mit einer Gruppe Seelen absolviert, deren Entwicklung so fortgeschritten ist, dass sie nicht mehr inkarnieren müssen. Diese werden entweder als "Konzil" oder als "Ältestenrat" bezeichnet. Auch unsere Probanden benutzen diese Bezeichnung, nannten sie aber auch "die Höheren", "die Weisen" oder "Meister des Lichts". Da es keine einheitliche Bezeichnung im Zwischenleben gibt, wird in diesem Bericht die Bezeichnung "Ältestenrat" verwendet. Der Ältestenrat wird durchgehend als freundlich und liebevoll beschrieben, der nicht über die Seelen zu Gericht sitzt.

Nur zwei unserer Probanden erwähnen ihren Ältestenrat nicht, weder für eine Rückschau noch im Rahmen einer Vorbereitungssitzung. An den Besprechungen des Vorlebens mit dem Ältestenrat nimmt auch der geistige Lehrer der Seele teil, meist aber nur als Beobachter. Da der Lehrer auch an der Planung des vorangegangenen Lebens beteiligt war, ist verständlich, dass er auch bei dieser Sitzung anwesend ist. In unseren Fällen fand sich eine Teilnahme des Geistlehrers an den Ältestenrat-Sitzungen in 15 Fällen. Wir vermuten dass erfahrenere Seelen weniger Unterstützung ihrer Lehrer benötigen als weniger erfahrene. Tatsächlich können erfahrene Seelen in vielen Situationen auf den Beistand ihres Lehrers verzichten.

Wie wir erwartet hatten, finden diese Treffen in der von der Seele dafür gewählten Umgebung statt.

Wendy Simpson führte ein Leben als alter Mann in der Wüste und beschrieb, wie sie nach ihrem Tod durch einen Tunnel in die Geistige Welt übertrat. Sie verfügte vorab über keinerlei Kenntnisse über das Leben-zwischen-Leben und beschreibt ein eher ungewöhnliches Treffen mit ihrem Ältestenrat, das unmittelbar nach ihrem Übergang in die Geistige Welt und noch vor einer Heilungssitzung stattfindet:

Es ist, als ob ich geleitet werde. Es gibt etwas zu lernen. Ich befinde mich in der Gegenwart von drei Lichtwesen.
Hast Du einen Namen für sie?
Es fühlt sich so an, wie "Meister des Lichts".
Was wird Dir vermittelt?
Sie sind sehr liebevoll. Sie zeigen mir die Lehren und Erfahrungen um die es in diesem Leben ging.
Worum ging es?
Not, kein Verständnis für Menschen, die Art und Weise, wie ich die Menschen behandelte, die ich traf. Ich muss verständnisvoller und liebevoller werden.

Sie wird gefragt, ob dies Teil einer schon bekannten Verhaltensweise ist und ihr Ältestenrat eröffnet ihr, dass sie sich bereits in mehreren ihrer vergangenen Leben damit auseinandersetzte, wie sie sich anderen Personen gegenüber verhält:

> Die erste scheint eine arme Frau zu sein, wieder in einer Wüstengegend und sie ist ziemlich füllig. Ich habe den Eindruck, dass sie habgierig und besitzergreifend ist. Es sind zwei Kinder bei ihr. Sie musste immer um alles kämpfen und sie ist sehr arm.
> *Wie hängt dieses Leben mit dem letzten zusammen?*
> Ich glaube in der Art, wie sie mit Leuten umgeht. Sie fühlt sich aggressiv an.
> *Was ist mit dem nächsten Leben?*
> Das war ein anderer Teil der Welt. Spanien. Auch eine füllige Person, mit einem dunklen wollenen Tuch auf ihrem Kopf. Sie ist von vielen Kindern umgeben und sie brüllt viel. Sie ist gut zu den Kindern, aber sie trifft kaum andere Menschen, sie ist vor allem mit ihrer Familie zusammen.
> *In welcher Weise hat das mit Deiner Lernaufgabe zu tun?*
> Auch sie ist ziemlich aggressiv und ihrer Familie gegenüber sehr materialistisch. Die Art und Weise wie sie kommuniziert und andere behandelt ist ähnlich, sie ist zu kalt und distanziert.

Wir erinnern uns, dass Jack Hammonds Problem während seines Lebens als junger Soldat im zweiten Weltkrieg etwas mit seinem Ego zu tun hatte. Seine Seelengruppe wies ihn darauf hin, indem sie sich Scherzes halber für seine Willkommensfeier in Umhänge hüllte. Bei seinem Treffen mit seinem Ältestenrat finden wir heraus, dass auch er wiederholt Schwierigkeiten damit hat wie er andere behandelt. Dies ist Thema einiger seiner Vorleben und ein Problem, das er in diesem Leben bearbeiten soll:

> Ich sehe drei Personen hinter einem Schreibtisch sitzen und ich sitze vor ihnen. Ich fühle mich gut. Es ist ernst, aber sie

sind nicht streng. Es ist, als ob ich Rechenschaft ablegen soll, aber nicht wie ich es auf der Erde erlebt habe. Das hier ist freundlich. Ich vermute, ich werde beurteilt... Ich habe den Eindruck, dass ich in diesem Leben, auch wenn es kurz war, einiges hätte tun können. Es gab Chancen, die ich nie genutzt habe... Großzügiger zu sein, liebevoller, ein netterer Mensch. Ich fühle, ich kann es nicht besser ausdrücken, eine gewisse Missbilligung, weil ich meine Chancen nicht genutzt habe, sondern mich genauso wie in früheren Leben verhalten habe. Missbilligung ist möglicherweise ein zu negatives Wort.... Es ist wie doppeltes Pech. Als ich zum Zeitpunkt meines Todes meinem Freund half war ich so selbstlos wie ich bei anderen Gelegenheiten schon früher hätte sein können. Ich glaube ich war ein ziemlicher Einzelgänger, eine zurückgezogene Person mit meinen gut zwanzig Jahren. Ich sollte lernen, großzügiger zu sein, aber es klappte erst ganz am Schluss... In diesem Leben muss ich weiter versuchen lieben zu lernen, nicht so distanziert zu sein und geben zu lernen. Es ist als ob, wenn ich Nähe möchte und Kontakt, ich derjenige sein muss, der anfängt, zu geben. Es ist, als ob ich erwartete, etwas zu bekommen, ohne dafür etwas zurückgeben zu müssen.

Liz Kendry trifft ihren Ältestenrat unmittelbar nach ihrer Besprechung mit ihrem Lehrer. Ihr Lehrer Inka begleitet sie und hilft ihr, indem er ihr Vorleben ihrem Ältestenrat vermittelt. Der Ältestenrat erinnert sie daran, dass es nicht das erste Mal ist dass sie nach dem Tod ihres Ehemanns aufgibt:

Ich muss meinen Ältestenrat besuchen. Inka führt mich und wird ihnen eine Zusammenfassung präsentieren.
Bevor Du damit beginnst, beschreibe bitte den Ort an dem Ihr euch befindet.

Es ist ein runder Raum mit einer Kuppel und so etwas wie weißen Wänden. Auf dem Boden befindet sich eine Art erhöhtes Kreuz, das aus Marmor zu sein scheint. Eigentlich ist es wie eine Stufe, die sich durch den ganzen Raum zieht.
Wie viele Lichtwesen siehst Du?
Sechs... Sie sitzen. Einer von ihnen hat den Vorsitz, die anderen werden nicht kommunizieren.
Gut, beschreibe diesen einen.
Er hat weißes Haar, einen weißen Bart, trägt eine weiße Robe. Leuchtend blaue Augen, eine rundliche Nase. Er hat ein sehr freundliches Gesicht und möchte, dass ich mich wohl fühle. Ich mache mir Sorgen, weil ich das letzte Jahrzehnt meines Lebens nicht gelebt habe, ich habe mein Leben verschwendet und es war nicht das erste Mal.
Wie oft ist es schon vorgekommen?
Drei Mal.
Ist es immer wegen der Bindung an einen geliebten Menschen?
Ja, jedes Mal stirbt mein Ehemann und ich habe das Gefühl, dass mein Leben vorbei ist.
Was sagt das Lichtwesen zu Dir?
Er sagt, dass sie mich das nächste Mal mehr unterstützen werden. Sie werden mich durch andere Menschen oder mein eigenes Bewusstsein wissen lassen, dass wir nicht mit unseren Körpern sterben, deshalb wird mich der Verlust nicht in der Weise wie früher treffen.

Der möglicherweise detaillierteste und aufschlussreichste Bericht wird uns von Laura Harper geliefert. Ihre Lehrerin Iscanara begleitet sie und sie beginnt ihren Bericht mit einigen interessanten Einzelheiten bezüglich der Stimmung:

Beschreibe mir, wo Du mit Iscanara hingehst.

Besprechen der Vorleben

Sie bringt mich zu meinem Ältestenrat. Wir gehen zu einem runden Tempel aus goldgelbem Stein, mit einer Tür.
Betretet ihr den Tempel?
Ja, ein langer, sehr schmaler Gang führt in einen großen runden Raum.
Sag mir, was Du siehst?
Er hat eine Kuppeldecke, die aussieht, als ob sie aus dünner, lichtdurchlässiger Muschel bestünde. Ich kann drei Weise sehen. Sie sind in Samtumhänge in einem sehr dunklen Violett mit goldenen Verzierungen gekleidet.
Ist Iscanara bei Dir?
Sie ist einen Schritt hinter mir.
Spricht eines dieser Wesen zu Dir?
Sie [lacht] sehen aus, als ob sie an einer Party teilnehmen, sie sehen irgendwie witzig aus.
Beschreibe den Gesichtsausdruck des Wesens, das Dir am meisten auffällt.
Derjenige, der in der Mitte sitzt, hat unglaublich zerknitterte, lächelnde Augen. Sie verschwinden fast in seinem Lächeln.
Sag mir, was geschieht.
Es fühlt sich an, als ob der ganze Raum von Lachen erfüllt ist. Sie sagen mir, dass ich mich „in das Lachen zurücklehnen soll". Ich glaube, ich erwartete, hier eine Art herausgehobene, heilige Stätte zu finden, aber sie ist erfüllt von Lachen und Übermut und einer Art goldenem Wissen. Freudigkeit, Gnade, die Grundlage der Existenz. Sein. Es ist liebevoll, wirkliche Liebe.

Sie wird an diesem Punkt gefragt, warum sie ihr eine so beglückende Stimmung bereiten:

Weil ich mich so ernst nehme. Ich versuche sogar hier, mich ernst zu nehmen... Ich bekomme den Eindruck, dass es zwar sehr ehrbar ist, so fleißig und ernsthaft zu sein, aber es ist nicht nötig. Es ist nötig, leicht zu sein. Ein Lichtwesen, im Licht zu arbeiten. Sich selbst nicht zu schwer zu nehmen. Sie haben auch eine Nachricht wegen meines Selbst-Hasses. Sie sagen, dass es wie eine heftige Lichtladung mit der falschen Übersetzung ist. Dadurch, dass ich Hass empfinde wird das Gefühl zu einer Waffe, wie ein zweischneidiges Schwert. Sie sagen mir, dass ich mich ausdehnen soll, damit ich mich selbst freudig erfahren kann.

Diese Diskussion um die Veränderung negativer Emotionen in Freude ist etwas, das wir alle berücksichtigen sollten. Die Besprechung mit ihrem Ältestenrat wird in der Bibliothek fortgesetzt, wo ihr die Ursache ihres Hasses an Beispielen aus einigen ihrer früheren Leben gezeigt wird:

Sie nehmen einen Band herunter. Das Bild, das ich sehe, ist eine Art Phalanx, marschierende Zenturios. Es sind marschierende Krieger mit enganliegenden Helmen aus Metall und sie trampeln alles gnadenlos nieder. Die wehrlosen Frauen werden durch diese marschierende Kriegsmaschine niedergemäht, auch die Kinder. Mein Herz könnte es als Liebe und Trauer um meine Kinder und die anderen erfahren. Es mit Hass zu erleben, bindet mich daran. Wenn Du Dich wie eine Spitze zusammenziehst, bleibt der Hass in dieser Spitze und ist eine Waffe. Wenn Du Dich löst und ausdehnst, kann sich das Herz mit den Gesichtern der Liebe beschäftigen... Mir wird gezeigt dass sich zu wehren nicht immer einem Zweck dient. Es bleibt wie eine Klinge, die nach Blut lechzt... Ich habe den Eindruck, dass die Nachricht ist, mein Herz zu öffnen, sich in der Mitte auszudehnen. Zu öffnen. Öffnen. Öffnen. Dann ist es fast so, als ob der Schlag durch Dich hindurchgeht. Bleib offen und es wandelt sich zu Freude.

Besprechen der Vorleben

Laura hatte vor der Sitzung angedeutet, dass sie über ein Problem in ihrem gegenwärtigen Leben mehr erfahren wollte. Es handelte sich um beunruhigende Gefühle angegriffen zu werden und um Angst- und Schamgefühle, wenn sie mit kleineren Gruppen sprach:

> Sie sagen, es ist das gleiche, aber es ist eine andere Lebenserinnerung, die Angst und Scham vor einem Tod durch Steinigung. Es ist im Grunde das gleiche wie die Stiefel der Soldaten die uns zertrampelten. Die gleiche Wirkung. Es ist das Auftreffen auf unnachgiebige, angreifende Gewalt... Es geht also immer um die Preisgabe, das Aufgeben von Widerstand. Was sie mir wirklich zeigen ist, dass auch der brutalste Angriff als eine Geste der Liebe erfahren werden kann. Jedes Messer, jede Kugel, jede Waffe, jede Bombe. Dass sich mein Ego mit in die Seelenreise anderer einmischen möchte, indem ich es als Angriff ansehe. Mein eigener Weg als Seele handelt vom Lernen, von Aufgabe und Auflösung. Jede Waffe, die Schaden anzurichten scheint, betrifft zunächst einmal die Erfahrungen des Täters, und nur durch meinen Wunsch nach Einmischung in das Leben dieser Person entsteht eine Wunde oder eine Verletzung in mir. Wenn ich mich in die Reise dieser Person einmische, erhalte ich ein „Du hast mir Unrecht getan".

Als sie gefragt wird, ob das gerade vor diesem Zwischenleben erfahrene Vorleben als alter Mann, dessen Stadt angegriffen wird, damit zusammenhängt, fährt sie fort:

> Ja, das tut es. Ich hätte mich auch dieses Mal einmischen können, statt mich in die Situation zu ergeben. Es sieht sehr passiv aus, als ob man aufgibt. Falls ich mich in die Angelegenheiten der anderen eingemischt hätte, hätte ich es

versaut, weil mir keine Kraft geblieben wäre... Tatsächlich sind uns etwas Ruhe und Ergebenheit zu Teil geworden, nachdem die Leute den Hügel heraufkamen und sich in meinen Schutz begaben. Es war Liebe, die Liebe stärkte sie für das, was folgte. Also ist es irgendwie das gleiche. Ich kann erkennen, dass ich mich in der Vergangenheit ganz schön aufgeblasen habe und dachte „wie können sie es wagen mir so link zu kommen. Wie können sie es nur wagen. Ich muss ihnen beweisen, wie übel sie sind", aber es bleibt doch trotzdem Einmischung.

Diese höchst aufschlussreiche Sitzung wird durch einen Rat einer von Lauras Ältesten beendet, die sie als Frau wahrnimmt:

Sie sagt "sei weich". Wenn Du aufgibst und leicht wirst, kannst Du das Licht viel besser leiten. Wenn wir alle leichter sind, können wir eine größere Ladung ohne Widerstand weiterleiten. Sie zeigen mir, dass sogar eine Kanonenkugel geradewegs durch meine Brust hindurch geht, ohne mich zu verletzen, wenn ich leicht bleibe. Und wenn sie meine Lebenskraft nimmt, habe ich immer wieder die Gelegenheit zu einer anderen Zeit und an einen anderen Ort zurückzukommen.

Zusammenfassend kann also gesagt werden, dass obwohl die erfahreneren Seelen ihren Lebensrückblick ohne Unterstützung durchführen können, es häufiger mit der Unterstützung durch den geistigen Lehrer und den Ältestenrat geschieht. Sie helfen uns dabei, das Vorleben zu verstehen. Nadine Castelle sagte „mein geistiger Lehrer ist bei mir, um mich zu unterstützen falls ich Hilfe brauche. Ich weiß aber, dass es etwas gibt, das ich hätte tun sollen, das meinen ursprünglichen Absichten nicht entsprach". Wir sind meistens unsere schärfsten Kritiker und müssen daran

Besprechen der Vorleben

erinnert werden, welche Leistungen wir vollbringen, wie Liz Kendry berichtet. Sie sagt "er lobt mich für einiges, was ich tat... er zeigt mir einige Szenen, und sagt: das ist eine Deiner Stärken". Die Gebiete, auf denen wir keine Fortschritte erzielen können, sind oftmals die Grundlage für den nächsten Lebensplan, wie Jack Hammond feststellt: „Ich sollte lernen, nicht so distanziert zu sein, aber es hat erst ganz zum Schluss geklappt... ich muss weiter üben".

Die Erkenntnisse über Vorleben und deren Rückschau ermöglichen dem Bewusstsein ein Verständnis bezüglich der Themen und Lektionen dieser Leben. Viele dieser Aspekte waren im gegenwärtigen Leben noch nicht vollkommen verstanden worden. Wenn sie aber akzeptiert und integriert werden, ermöglichen sie Aussicht auf Heilung und spirituelles Wachstum.

Die Seele erkunden

4

SEELENGRUPPEN

Sei wie ein gut gebackener Brotlaib, Herr über die Tafel.
Komm und diene Deinen Brüdern.
Du warst eine Quelle des Schmerzes,
Jetzt wirst Du eine Quelle der Freude sein.
Jelaluddin Rumi, Sufi Mystiker, 13. Jahrhundert.

Die Vorstellung dass wir alle Seelenverwandte haben, mit denen uns ein tiefes Band über viele Leben hinweg verbindet, hat während der letzten Jahrzehnte viel Aufmerksamkeit erregt. Alle Zwischenleben-Pioniere haben diese Idee aufgegriffen und insbesondere darauf hingewiesen, dass alle Seelen zu eng verbundenen Seelengruppen gehören. Nahezu alle Probanden in allen Studien und Veröffentlichungen bestätigten diese Erkenntnis mit Ausnahme einer Person, die während der Sitzung keinen Kontakt zu ihrer Seelengruppe fand. Das heißt nun nicht, dass diese Person keiner Seelengruppe angehört, sondern nur, dass während dieser Sitzung keine Zeit verwendet wurde um auf die Interaktion mit der Seelengruppe einzugehen, weil es für die Fragestellung dieser Zwischenleben-Sitzung nicht relevant war.

Die Größe der Seelengruppe in unserem Kollektiv ist in der folgenden Tabelle dargestellt:

DIE SEELE ERKUNDEN

Anzahl Seelen	Anzahl Probanden	
1 bis 5	2	15%
6 bis 10	5	38%
11 bis 15	4	31%
16 bis 20	1	8%
21 bis 30	1	8%

Um einen maximal positiven Effekt der Zwischenleben-Sitzung zu erzielen werden die Klienten üblicherweise gefragt welche Mitglieder ihrer Seelengruppe sie in einem Vorleben oder dem derzeitigen Leben erkennen, und daher wurde auch unseren Probanden diese Frage gestellt. Alle Probanden beantworteten diese Frage ohne zu zögern. Gelegentlich fragten wir auch nach Seelengefährten, die noch nicht in diesem Leben erschienen waren aber in der Zukunft noch eine Rolle spielen würden. Diese Frage wurde nur teilweise positiv beantwortet und in einigen Fällen wurde die Information vorenthalten, vermutlich weil verhindert werden sollte, dass der freie Wille des Probanden durch diese Information untergraben würde.

Die Seelengefährten, die die Probanden benannten, waren Familienmitglieder wie Großeltern, Eltern, Geschwister oder Kinder, aber auch Freunde und andere Bekannte. Die Rollen, die die verschiedenen Seelen innerhalb der Gruppe spielten, veränderten sich von Reinkarnation zu Reinkarnation. Manchmal waren die Seelengefährten zur Unterstützung und Hilfe für den Probanden in das Leben der Probanden eingebunden, ein anderes Mal waren sie Eindringlinge oder Herausforderer um bestimmte Lernaufgaben mit unseren Probanden zu bewältigen. Für unsere Probanden war es immer wieder eine große Überraschung wer der Gruppe angehörte, aber auch wer der Gruppe nicht angehörte. Beispielsweise fanden sich langjährige Partner oder Ehepartner, ebenso wie enge Familienangehörige oftmals nicht in der Gruppe der Seelengefährten.

Ein spezifischer Aspekt der Seelengruppe besteht in der gemeinsamen Planung des nächsten Lebens und wird später im Buch besprochen werden. Der Schwerpunkt dieses Kapitels betrifft die generelle Natur und die gemeinsamen Aktivitäten der Seelengruppe und die Interaktionen der Mitglieder einer Gruppe.

SEELENGEFÄHRTEN

Die Wiedervereinigung der Seelengefährten geschieht in der Regel nach der Heilung und entweder bevor oder nach einer Art Besprechung über das gerade vollendete Leben. Wir haben jedoch auch schon Jack Hammonds Geschichte gehört, er traf sechs seiner Seelengefährten nach seinem Tod, unmittelbar nach dem Eintreffen in der geistigen Welt. Jetzt kehrt er nach der Besprechung des vollendeten Lebens zu seinen Gefährten zurück um mehr über seine Distanziertheit zu erfahren, und warum sich der Teil seiner Gruppe darüber lustig machte. Dieses Mal erkennt er Menschen aus seinem vorhergehenden Leben als junger Soldat wieder:

Eigentlich möchte ich jetzt weggehen und alleine sein um über alles nachzudenken, aber Garth erinnert mich daran, dass es nicht so gut ist alleine zu sein. Ich soll in der Gemeinschaft verweilen und nicht diese zurückgezogene, einsame Person sein. Ich soll zurückgehen und mit meinen Seelengefährten zusammen sein, und darum ging es auch in dem Spaß, den sie mit mir machten. Sie taten so, als ob sie mysteriös und zurückhaltend wären. Alle haben einen Mordsspaß meinetwegen und versuchen es mir auf diese Art und Weise zu vermitteln. Als ob sie mir sagen würden: Hast Du es jetzt kapiert? Und: Jetzt komm schon und schließ Dich uns an, sei

Teil unserer Gemeinschaft. Ich kann auch meinen Teil dazu beitragen; ich sage meinen damaligen Eltern sie hätten sich schon mehr ins Zeug legen können. Das Gleiche gilt für zwei der anderen. Es scheint eine große Sache dieser Gruppe zu sein. Wir haben eine große Aufgabe laufen, es hat mit sich öffnen zu tun und damit, der Gemeinschaft etwas zurückgeben, nicht nur zu erwarten, dass andere etwas tun. Auch damit, dass man Dinge einfach lockerer sehen kann, und sich Aufgaben dann leichter bewältigen lassen. Auf die eine oder andere Art und Weise arbeiten wir alle an diesem Thema, mit Ausnahme meiner Großmutter. Sie ist eine so wunderbare, gutmütige Seele. Es ist als ob sie alles zusammenhält, wie die Mutter, die sagt: „Jetzt kommt schon Kinder, wir schaffen das schon", gerade so als ob sie schon alles hinter sich hätte. Wenn ich sage dass sie sich über mich lustig machen und ich mich über sie, dann stimmt das schon, aber es ist kein Hauch von Bösartigkeit dabei. Es ist so als ob alles, was hier gesagt und getan wird mit Liebe akzeptiert wird. Es ist in Ordnung.

Diese letzte Beobachtung von Jack ist sehr wichtig. Es werden immer wieder sehr wichtige und schwierige Themen in diesen Wiedersehen diskutiert, und dies geschieht mit vollständiger Aufrichtigkeit und absoluter Liebe, genauso wie in den Besprechungen mit den Lehrern oder Ältesten. Es gibt keine Härte oder Kritik und schon gar keine Verurteilung. Wir konnten erkennen, dass Lisbet Halvorsen alles andere als glücklich über ihr Leben als Sklaventreiber war, und sie äußert sich darüber sehr deutlich:

> Ich erkenne meine Seelengefährten wieder. Wir verstehen einander. Normalerweise ist alles sehr freudvoll und leicht, wenn ich zurück komme, aber dieses Mal ist es ernster und das

Seelengruppen

liegt an dem Leben, das ich geführt habe. Aber sie sind immer noch sehr liebevoll und voller Mitgefühl.

Viele Seelen empfinden das Wiedertreffen ihrer Seelengruppe als absoluten Glückszustand, und berichten, dass alles getan wird um die zurückkehrende Seele willkommen zu heißen. Nadine Castelle erwähnt in ihrer Sitzung, dass sie jetzt zu ihrer Gruppe gehen muss, weil diese „eine Feier ausrichtet für jemanden, der grade wieder zurück gekommen ist". Veronica Perry zeigt unverhohlene Freude über ihre Wiedervereinigung mit 20 ihrer Seelengefährten, obwohl sie zuvor praktisch nichts über Zwischenleben-Regressionen wusste. Sie erkennt 15 dieser Seelen wieder, die an ihrem gerade vollendeten Leben beteiligt waren:

Ich werde jetzt meine Gruppe wiedersehen... Ich freue mich so darauf. Wir sind alle so glücklich zusammen zu sein... So viel Freude und Liebe und es fühlt sich an als ob es hier nur Freude, Lachen, Spaß und Liebe gibt. Es ist überwältigend.... Wir ziehen uns gegenseitig auf. Wir begrüßen uns und alle wissen, was alle gerade denken, die Gedanken und Bilder kommen innerhalb kürzester Zeit in mein Bewusstsein.

Liz Kendry ist überglücklich mit ihren sechs Seelengefährten wiedervereint zu sein, insbesondere mit ihrem Ehemann, der lange vor ihr in ihrem letzten Leben verstorben ist:

Ich fühle ihre Liebe und Wärme und ihre Energie, die mich ganz umgibt. Wir sind alle so glücklich, dass wir uns wiedersehen. .. Sie sind glücklich mich zu sehen... Es tut so gut... Ich merke erst jetzt, dass ich die ganze Zeit meinen Ehemann festhalte, es ist als ob wir Händchen halten... ich kann ihn einfach nicht loslassen.

Diese Seele hatte in allen ihren Leben die Rolle ihres Ehemannes inne, in denen sie Probleme nach seinem Tod entwickelte, weil sie einfach aufgab nachdem sie ihn verloren hatte. Liz und ihr Ehemann sind zwei Seelen, die mehrere Leben damit zubrachten das gleiche Problem immer wieder zu bearbeiten. Nicht nur diese Art der Problembewältigung ist nicht sehr häufig, die enge Bindung dieser Beiden ist vermutlich das Musterbeispiel dafür, dass es diese tiefe, spezielle Verbindung zwischen zwei Seelen gibt, die wir auch als Zwillingsseelen kennen. Wenn man sie findet, dann in der Regel in Verbindung mit einer schwierigen Lernaufgabe. Die weitaus häufigere Variante ist die Zusammenarbeit mit mehreren Mitgliedern aus der eigenen Seelengruppe und Mitgliedern aus anderen Gruppen.

Nach dem ersten Treffen findet die Nachbesprechung des soeben beendeten Lebens für Liz statt, dann trifft sie ihre Seelengefährten wieder. Sie berichtet, dass sie sich über ihre letzten Leben austauschen und darüber sprechen was gut und was weniger gut gelaufen ist und was man hätte besser machen können. Lisbet Halverson trifft ihre Seelengefährten erst zu einem relativ späten Zeitpunkt ihrer Sitzung. Sie beschreibt ebenfalls Diskussionen über wichtige Dinge, was in den Leben geschah, was als nächstes ansteht und welche Pläne ihre Gruppe schmiedet. Katja Eisler erzählt in ihrer Sitzung wie sie und ihre Seelengefährten Informationen über die erlebten Schwierigkeiten austauschen.

Es scheint fast immer so zu sein, dass nach dem ersten rauschartigen und wunderbaren Wiedersehen neue Pläne gemacht und alte Probleme besprochen werden, und dass dieser Informationsaustausch und die Pläne über zukünftige Projekte ein wichtiger Teil der gemeinsamen Aktivitäten der unmittelbaren Seelengruppe ist.

Magnus Bergen, der ebenfalls keine Vorkenntnisse besaß, trifft seine Seelengefährten und kann uns eine sehr interessante neue Erkenntnis über Mitglieder einer Gruppe, die abwesend sind, berichten:

> Es ist so als ob ich einige Menschen treffe, die ich von früher her kenne, eine ganze Gruppe an Seelen.
> *Wie viele sind es?*
> Ich bitte sie einmal sich in einer Reihe aufzustellen. [es entsteht eine Pause, während er zählt]. Dreizehn oder fünfzehn, aber es sind nicht alle da.
> *Woher weißt Du dass einige fehlen?*
> Ich weiß es einfach.
> *Wie fühlt es sich an bei dieser Gruppe zu sein?*
> Ich fühle mich sehr zu Hause hier. Alle lächeln, es ist einfach so gut hier zu sein. Nichts wird erwartet und nichts fühlt sich falsch an.

Liam Thompsons Bericht über sein Treffen mit sieben Mitgliedern seine Gruppe ist ebenfalls sehr aufschlussreich und er kann ebenfalls Wissen über Freunde, die nicht anwesend sind, beitragen:

> Ich werde jetzt gleich meine Gruppe treffen.
> *Wie viele sind es?*
> Sieben.
> *In welcher Form zeigen sie sich?*
> Es sind Energieformen.
> *Beschreibe mir bitte die Farben und sag mir dann was die Farben bedeuten.*
> Sie sind alle weiß mit blau. Sie sind weiter als ich.
> *Wie fühlt es sich an?*
> Heimkommen. Ich bin froh zurück zu sein. Wir sind alle zusammen und es fühlt sich an wie eine riesige Energie-

geladene Umarmung. Sie freuen sich alle mich zu sehen. Einer von uns ist noch inkarniert.
Kann es sich deshalb nicht an der Umarmung beteiligen?
Nein. Er hat nur wenig Energie hier gelassen, deshalb ist er in einer Art Dämmerzustand. Man kann wenig damit anfangen.

Newton hat in seinen Büchern die Vermutung ausgesprochen, dass der Rest Energie von Seelen, die gerade inkarniert sind, in einem Dämmerzustand verbleiben. Liam Thompson relativiert diese Aussage, und berichtet, dass Seelen abhängig von der Menge der Energie, die sie mit sich nehmen aktiver oder inaktiver sind. Diejenigen, die einen erheblichen Teil ihrer Energie in der geistigen Welt zurücklassen, sind dort ebenfalls aktiv. Daher können Klienten durchaus während einer Zwischenleben-Regression in Kontakt mit Seelen treten, die noch inkarniert sind. Liam berichtet dazu weiter:

Geh sie bitte einen nach dem anderen durch und sag mir wen Du erkennst.
Es ist einer, nein zwei, die ich erkenne.
Sag mir ihre Namen.
Jamie und meine Mutter in diesem Leben sind ebenfalls hier. Sie ist oft meine Mutter. Sie ist sehr mütterlich und sie sorgt gerne für andere.
Noch jemand, den Du erkennst?
Rose. Hmm.
Ist Rose im Moment inkarniert?
Ja.
Kann sie sich mit Dir über gemeinsame Ziele austauschen, die Ihr womöglich geplant habt?
Nein, wir haben uns bisher noch nicht getroffen.

Liam erkennt, dass Rose das Mädchen aus dem Leben in Irland ist, das sich damals geweigert hatte mit ihm davon zu laufen, was dann dazu geführt hatte, dass er sich das Leben nahm. Auf eine weitere Nachfrage bezüglich der Pläne für dieses Leben setzt wieder ein Block ein, und er kann nur sagen, dass sie sich noch nicht getroffen hätten. Lene Haugland dagegen erhält während ihres Treffens mit ihren Seelengefährten Informationen über Menschen, die sie im weiteren Verlauf ihres Lebens noch treffen wird. Sie erfährt auch, dass sich alle diese Menschen auf anderen Erdteilen befinden.

SEELEN-ERFAHRUNGEN

Liam beschreibt im Weiteren wie seine Seelengefährten mit der Tatsache umgehen dass er sich schon wieder selbst getötet hat:

> Sie ziehen mich auf. Es wirkt alles sehr spielerisch und sie werfen mir nicht direkt vor, dass ich es wieder getan habe, aber sie sagen es wiederholt sich dann doch ein bisschen zu oft. Es klingt leichtherzig, aber es ist auch durchaus ernst. Sie wissen, dass ich mich anstrengen muss, um mit ihrer Entwicklung mithalten zu können und sie möchten nicht, dass ich hinterher hinke.
> *Wenn Du diese Entwicklung nicht nachholen kannst, was geschieht dann?*
> Dann muss ich in eine andere Gruppe wechseln.
> *An welchen Projekten arbeitest Du gerade?*
> Ich arbeite an mir selbst. Mein Selbstbewusstsein, meine Zuversicht. Ich muss begreifen, dass ich die wichtigste Person in meinem Leben bin. Ich muss Selbst-Liebe entwickeln.

Liams Erkenntnis, dass er hinter den anderen aus seiner Gruppe zurückbleibt, bringt uns zu dem wichtigen Punkt der

Weiterentwicklung von Seelen. Die Mitglieder einer Gruppe sind in der Regel alle auf einem ähnlichen Level. Verschiedene Gruppen sind demzufolge auf verschiedenen Level, unter anderem auch abhängig von der Anzahl der Leben, die diese Gruppen schon hinter sich gebracht haben. Zusätzlich ist es natürlich, dass einzelne Mitglieder dieser Gruppen unterschiedlich schnell oder langsam lernen, und dass es offenbar vorkommt, dass einzelne Mitglieder eine Gruppe verlassen und sich einer anderen Gruppe anschließen, falls das für die Seele und die Gruppen von Vorteil ist.

Die Art eines Lebens ist übrigens nicht hinweisgebend auf die Entwicklungsstufe einer Seele. Einige der am weitesten entwickelten Seelen können mit Absicht Leben oder Körper wählen die sehr kompliziert oder schmerzhaft sind.

Newton hat in seinen Arbeiten die Farben, die Seelen zeigen als Zeichen für das Entwicklungsstadium der Seele aufgeführt, von „Anfängern" bis zu „Fortgeschrittenen". Er beschrieb eine grau-weiße Farbe für jüngere Seelen, während Seelen mit zunehmender Erfahrung im Lauf der Zeit die Farben rosa, gelb, blau und lila zeigen würden. Andere Autoren gingen davon aus, dass die Mitglieder einer Gruppe auf Grund ähnlich fortgeschrittener Erfahrung ähnliche Farben aufweisen würden. Liam bestätigt diese Aussage, indem er uns darauf hinweist, dass alle Mitglieder seiner Gruppe eine weiß-blaue Färbung der Energien aufweisen.

Nach der „Seelen-Farbe" zu fragen ist nichts, was ich oder einige meiner Kollegen gerne tun, weil es eine Art Elitismus in die Sitzung bringt, den wir eigentlich sehr gerne vermeiden möchten. Ich halte diese Farben-Kategorisierung auch für zu grob oder zu vereinfachend um eine so komplexe Sache wie den Entwicklungszustand einer Seele zu repräsentieren. Die Erklärung, die Magnus Bergen bietet, der keinerlei Vorkenntnisse über das Zwischenleben hatte, halte ich hingegen für sehr zutreffend. Er berichtet, dass die vorwiegend gelb-grünen Farbtöne, die er in seiner Seelenenergie mit sich führt, auf die Art der Erfahrungen zurückgehen, die er während seines soeben beendeten Lebens gemacht hat. Als ich ihn dann auf die veränderte Farbe seiner Seelenenergie anspreche, sobald er seine Seelengefährten trifft, erklärt er, dass es nicht Zustand oder Ausdruck des Fortschritts seiner Seele ist, die durch die blaue Färbung angezeigt wird, sondern dass die Farbe blau in diesem Fall den Energiezustand repräsentiert, den er und die Mitglieder seiner Gruppe zeigen, wenn sie bestimmten Aktivitäten nachgehen.

Es scheint also, als ob zumindest in manchen Situationen die Farben, die Seelen zeigen eher auf die Umstände in denen sie sich befinden zurückzuführen sind als auf den Entwicklungszustand der Seele als solche.

GRUPPENDYNAMIK

Seelengruppen arbeiten oftmals an einem gemeinsamen Thema, wie zum Beispiel Jack Hammonds Gruppe die „etwas Großes vor hat das mit sich öffnen und geben" zu tun hat. Diese Aufgabe ist zunächst einmal eine emotionale Lektion, kann aber andererseits auch mit dem Erarbeiten von speziellen Heilungstechniken zu tun haben.
Gelegentlich lösen sich Seelengruppen vorübergehend auf, wenn die Mitglieder der Gruppe mit anderen Seelen an anderen Lektionen arbeiten.
Einige unserer Probanden wurden nach der Anzahl der Leben befragt, die sie mit ihrer Seelengruppe verbracht haben. Die Antworten reichten von „wenige Leben" bis „einhundert Leben", wenn die Gruppe bereits recht erfahren war. Trotz seiner geringen Vorerfahrung konnte uns Magnus Bergen eine sehr interessante Antwort geben. Er sagte: „Ich bekomme die Zahl 17, aber ich bin

nicht sicher ob das Leben bedeutet. Wir arbeiten auch an anderen Projekten zusammen". Magnus spielte mit dieser Bemerkung auf eine Information an, die wir bereits öfters erhalten hatten, dass nämlich Seelen auch die Möglichkeit haben nur in der geistigen Welt zu arbeiten und nicht zu inkarnieren. Dies bedeutet zwar in der Regel eine langsamere Entwicklung, da viele Emotionen und Erlebnisse nur mit einem Körper und mit Amnesie über die Herkunft wirklich erfahrbar werden, aber prinzipiell scheint eine Entwicklung auch ohne diese Lektionen möglich.

Marta Petersen hilft uns bei unserem Verständnis über sich verändernde Seelengruppen weiter. Wir haben im vorhergehenden Kapitel etwas über ihr Leben als junge Frau während des 2. Weltkriegs in Warschau gehört in dem sie ihrer Mutter dabei half „Energien zu harmonisieren". Wir lernen hier etwas über die gemeinsame Arbeit, die sie mit ihrer Seelengruppe teilt:

Wir harmonisieren Energie.
Wie viele Leben hast Du mit dieser Gruppe verbracht?
Vierundachtzig.
Haben sich alle diese Leben mit Harmonisieren beschäftigt?
Ja. Ich hatte natürlich auch noch andere Themen, die ich bearbeitet habe, ich war auch in anderen Gruppen bevor ich in diese Gruppe kam.
Was war das Thema in der anderen Gruppe?
Es hatte ebenfalls mit Energie zu tun. Ich habe viel mit Mystizismus gearbeitet.
Wann wusstest Du, dass es Zeit ist die Gruppe zu verlassen?
Wir haben uns alle weiterentwickelt und wollten andere Dinge lernen, daher haben wir uns mit anderen Seelen für diese Lektionen zusammengeschlossen.
War das Deine Entscheidung?

Seelengruppen

Es war unsere Entscheidung. Wir hatten alle das Gefühl, dass wir in unterschiedliche Richtungen wollten.

Ein weiteres, sehr interessantes Feld ist auch die Zusammenarbeit verschiedener Gruppen an verschiedenen Projekten. Selbst wenn man von der größtmöglichen Anzahl von Seelen in einer Gruppe ausgeht, und sich dann überlegt wie viele Menschen man während eines Lebens trifft, ist es nicht vermessen anzunehmen, dass viele verschiedene Gruppen in Lebenspläne involviert sind. Diese Pläne sind teilweise sehr detailliert, teilweise eher vage vereinbart. Wir werden später durch Lisbet Halvorsen genaueres über dieses Pläneschmieden erfahren. Was wir von unseren Probanden erfahren konnten, stützt die Thesen von Michael Newton der größere sekundäre Gruppen beschreibt, die immer wieder enger oder weniger eng zusammenarbeiten. Lisbet erzählte uns außerdem, dass sie in den letzten zwei Leben nicht gemeinsam mit ihren vier Seelengefährten inkarnierte, sondern diese Leben mit einer größeren sekundären Gruppe von Seelen, die sie als Lehrerin betreut, verbracht hat. Interessanterweise erzählten uns die Probanden, die mit Newtons Arbeiten vertraut waren, wenig oder nichts von diesen sekundären Gruppen, was bedeuten kann, dass entweder viele verschiedene Variationen zu diesen Vorgängen möglich sind, oder dass das Thema einfach für einige noch nicht oder nicht mehr relevant ist.

Die Arbeit mit Seelen aus anderen Gruppen ist nicht auf Inkarnationen beschränkt. Nadine Castelle beschreibt uns wie Seelen ihre Fähigkeiten gemeinsam in der geistigen Welt einsetzen:

Ich treffe zwei Seelen aus einer anderen Gruppe. Wir tauschen uns darüber aus, was wir im nächsten Leben tun möchten, wir sind an ähnlichen Dingen interessiert und möchten einfach Erfahrungen austauschen. Eine von ihnen hat die Möglichkeit im nächsten Leben als Arzt zu arbeiten und ich gebe meine Erfahrungen darüber weiter. Sie nimmt meine Informationen in sich auf. Sie kann diese Informationen nutzen um sich besser vorzubereiten, wenn sie sich entschließen sollte, im nächsten Leben diesen Weg zu gehen. Die andere Seele berichtet uns über ihren Lebensplan für das nächste Leben, es wird mit Kunst, Struktur und Energie in der Kunst zu tun haben. Sie wird mit Hitze und verschiedenen Materialien und deren Resonanz arbeiten.

Geistige Lehrer

Wir haben mittlerweile schon einiges über geistige Lehrer und Führer gehört, und es gibt noch weitere wertvolle Informationen zu diesen Energien.

Vorab sei erwähnt, dass vier unserer Probanden keine Form von Lehrer oder Führer während ihrer Zwischenleben-Sitzung trafen. Das bedeutet nicht, dass sie keinen geistigen Führer oder Lehrer haben, sondern dass dieser für diese Zwischenleben-Sitzung nicht relevant war.

Aus den Werken der anderen Forscher über das Zwischenleben wissen wir, dass geistige Lehrer oder Führer sich sowohl in Energieform als auch in menschlicher Form präsentieren können. Alle elf Probanden unserer Studie, die ihren geistigen Lehrer oder Führer trafen, beschrieben eine menschliche Form, wobei acht eine männliche und drei eine weibliche Person beschrieben.

Ein anderer Aspekt betrifft die Verbindung zwischen den Seelengruppen und ihren Lehrern. Newton ist der einzige der diesen Aspekt etwas intensiver beleuchtet. Er konnte in seinen Studien aufzeigen, dass alle Mitglieder einer Seelengruppe den gleichen Lehrer haben. Wir haben zwar nicht wirklich ausreichend Material um diese Behauptung endgültig zu stützen oder zu stürzen, aber in unseren Sitzungen zeigte sich manchmal

Seelengruppen

ein anderes Bild. Zudem wäre es interessant zu wissen was mit dem geistigen Lehrer oder Führer geschieht wenn eine Seele die Gruppe wechselt. Marta Petersen hat dazu einige Informationen beizutragen. Sie wechselte von einer Gruppe zu einer anderen und berichtet folgendes:

> Ich war zuvor in einer anderen Gruppe. Wir haben uns getrennt und wollten uns auf andere Dinge konzentrieren.
> *War das Deine Entscheidung?*
> Ja, wir hatten das Gefühl dass es Zeit ist, dass wir in verschiedene Richtungen gehen.
> *Behaltet ihr den gleichen geistigen Lehrer?*
> Nein, ich hatte einen anderen geistigen Lehrer in der ersten Gruppe.
> *Wie hast Du Dir Deinen neuen geistigen Lehrer ausgesucht?*
> Ich hatte die Möglichkeit in verschiedene Gruppen zu gehen, aber ich hatte bei dieser einen Gruppe das Gefühl, dass wir alle sehr gut zusammenarbeiten würden.
> *Also die Gruppe und der geistige Lehrer gehören zusammen?*
> Nein, nicht unbedingt, aber in meinem Fall bekam ich diese Seelengruppe und diesen speziellen Lehrer als gemeinsame Option angeboten.

Unsere Untersuchungen zeigten uns, dass erfahrenere Seelen mehr als einen geistigen Lehrer haben können, was zu Beginn etwas verwirrend wirkte. Diese Seelen arbeiten mit verschiedenen Gruppen, die natürlich jeweils mit verschiedenen geistigen Lehrern arbeiten. Veronica Perrys erste Sitzung war für diese Konstellation sehr aufschlussreich, da sie gleich mehrere geistige Lehrer und Führer traf.

> Ich sehe sieben wunderbare Lichter, die direkt auf mich zukommen.... Es sind meine geistigen Lehrer, die mich

abholen kommen.... Es sind die Lichtwesen, die mir bei verschiedenen Aufgaben geholfen haben. Es gibt eine Gruppe, die unsere Entscheidungen, unsere Leben und das was wir daraus lernen, überwachen. Einige von ihnen helfen uns bei verschiedenen Erfahrungen, einige können wir auch rufen, wenn wir Hilfe brauchen.

Ihre Heilung wird durch zwei sehr verschiedene Energien unterstützt, von denen sie eine als spielerischen Helfer und die andere als zurückhaltende Person beschreibt, die eher einem Lehrer entspricht. Sie deutet außerdem an, dass sie andere Helfer, Führer oder Lehrer kontaktieren kann, sollte sie Hilfe benötigen. Es scheint so, als ob die Zuweisung von Helfern oder Lehrern in der geistigen Welt sehr viel flexibler ist als wir bisher geahnt haben.

5

SPEZIELLE AKTIVITÄTEN

Ein Augenblick ist Ewigkeit.
Und Ewigkeit ist das jetzt.
Wenn Du diesen einen Augenblick erkennst,
verstehst Du den, der sieht.
Wu-Men, Chinesischer Zen Meister, 13tes Jahrhundert.

Das Kapitel über die Nachbesprechung des vergangenen Lebens gibt einen Einblick in die emotionalen Lektionen, die die Probanden angehen wollten. Laura arbeitete mit „Hass und Angst", Liz lernte „nicht aufzugeben, selbst wenn man den geliebten Menschen verliert". Lisbet bearbeitete „nicht in Verbindung zu den eigenen Emotionen zu stehen" und Nadine bekämpfte negative Energien. Liam musste sich mit seinen wiederholten Suiziden auseinander setzen. Im letzten Kapitel wurde die Idee eingeführt dass Seelengruppen an einem gemeinsamen emotionalen Thema arbeiten. Jacks Gruppe beschäftigte sich mit „sich öffnen und geben", Martas mit Harmonisieren von Energie. Jetzt werden wir uns mit einem weiteren Thema des Lernens beschäftigen, das Seelengruppen anstreben, dem Lernen spezieller Aufgaben.

Die Seele erkunden

Heiler, Führer und Lehrer

Wir haben bereits von David Stephens erfahren, dass und teilweise wie er sich als Heiler in der geistigen Welt weiterbildet. Jetzt erzählt uns Lisbet Halvorsen, wie sie ihr Leben als Sklavenaufseher nutzt um einer Gruppe anderer Seelen über ihre Erfahrung zu berichten. Es scheint so, als ob dieses Leben doch nicht ganz umsonst gewesen ist:

> Es ist wie ein Forum und ich stehe in der Mitte. Ich halte einen Vortrag... Der Raum besteht nur aus Energie, aber er wirkt wie ein halbrunder Hörsaal. Er ist voll besetzt, es sind vielleicht einhundert Leute da, die in Zehnerreihen sitzen während ich darüber spreche wie leicht es ist Fehler zu machen. Ich benutze mein letztes Leben als Beispiel für dieses Argument. Ich zeige ihnen Bilder und sie können fühlen, wie ich mich gefühlt habe, sie fühlen die Schmerzen der anderen und sie können nachempfinden wie ich mich fühlte, als ich keine Verbindung zu den eigenen Gefühlen hatte... Es ist genauso, als ob ich ihnen das auf einem großen Bildschirm zeigen kann. Ich denke es und sie können es sehen. Es ist eine gute Art zu lernen... Wir hoffen, dass sie sich daran erinnern werden... Es ist meine Art zu lehren, meine Erfahrungen zu teilen... Es gab ein Gespräch mit drei oder vier weiterentwickelten Seelen, die mir mitteilten, dass dies die beste Art sein würde anderen meine Erfahrungen mitzuteilen... Jetzt teilen sie sich in kleinere Gruppen auf und reden über den Vortrag, schauen sich verschiedene Leben an und verschiedene Optionen und Lösungsmöglichkeiten, und ich gehe herum und versuche zu helfen.

Dieses Beispiel beleuchtet nicht nur Lisbets Arbeit als Lehrerin, sondern wirft auch ein Licht auf das permanente Bestreben aller

Spezielle Aktivitäten

Seelen sich weiterzuentwickeln, das auch viele Zwischenleben-Pioniere immer wieder erwähnen. Es bestätigt unsere These, dass Seelen sich nicht nur in die Lage derer versetzen können, die sie verletzten, sondern dass eine regelrechte Wiederholung von Teilen des Lebens aus der Perspektive dieser Person möglich ist. Es scheint auch, als ob Seelen alternative Verläufe von Ereignissen inszenieren, um herauszufinden, was deren Wirkung gewesen wäre. Dies zeigt uns im welchem Maß wir in der geistigen Welt Unterstützung erhalten um den Seelen das Leben in seiner gesamten Bandbreite begreifbar zu machen und durch diese Rollenänderungen lernen und wachsen wir.

Marta Petersen ist ebenfalls Lehrerin in der geistigen Welt. Nach der Rückschau auf ihr soeben beendetes Leben geht sie durch eine große Halle in ein Klassenzimmer. Es ist sehr interessant, dass sie mich sofort korrigiert als ich die Vermutung äußere, sie wäre dort als Schülerin. Ich finde dieses Beispiel insofern auch sehr wichtig, als es uns zeigt, dass die Klienten einer Zwischenleben-Sitzung sehr wohl dazu in der Lage sind ihre eigenen Erlebnisse richtig zu interpretieren und eben nicht durch den Therapeuten beeinflusst werden:

Ich gehe in ein anderes Klassenzimmer. Jemand erwartet mich dort.
Beschreibe Deine Umgebung bitte.
Es ist am Ende einer größeren Halle. Es sieht aus wie ein ganz normales Klassenzimmer mit einer Tafel und Tischen. Aber es gibt hier keine Bücher.
Wie viele Schüler sind da?
Acht.
Und worum geht es im Unterricht?
Ich spreche über eine Erfahrung, die ich in einem meiner Leben gemacht habe und wir diskutieren darüber. Sie sagen,

wie sie versucht hätten diese Situation zu bewältigen und dann reden wir über die vorhandenen Möglichkeiten und so weiter.
Ist ein Lehrer bei Euch der Euch anleitet?
Nein, ich bin die Lehrerin.
Oh. Was bringst Du ihnen bei?
Wie sie ihren Energielevel konstant halten. Wie sie vermeiden können, dass andere ihnen ihre Energie abziehen wenn sie inkarniert sind. Wie man die eigene Energie und die Energie der anderen beurteilen kann und verhindern kann, dass einem andere Energie wegnehmen. Aber auch wie man verhindert, dass man selbst anderen Energie entzieht.
Wie kann so etwas geschehen?
Durch Furcht und negative Gedanken.
Und wie bringst Du ihnen das bei?
Zunächst einmal müssen sie sich ihrer eigenen Energie bewusst werden, wenn man die eigene Energie nicht spüren kann, kann man sich auch nicht schützen. Wenn man inkarniert ist, muss man lernen mit seinem Körper und dessen Reaktionen zu Recht zu kommen, z.B. wie er reagiert, wenn man unsicher wird und wie man am besten damit umgeht wenn jemand mit sehr negativen Gefühlen auf einen zukommt. Die erste wichtige Lektion ist, sich der gesamten Energie innerhalb ihres Körpers bewusst zu werden.
Wie lernen sie, sich auf die eigene Energie einzustimmen?
Indem sie impulsiv sind. Das ist das erste, was wir vergessen sobald wir auf der Erde sind. Wir ignorieren unsere eigenen Impulse. Andere nennen die Impulse Intuition.
Wie erkennst Du wann die Übungsstunde vorbei ist?
Sie können nur eine bestimmte Menge an Informationen aufnehmen, daher ist diese nur eine von vielen Stunden. Außerdem werden sie es in der Praxis lernen, in den vielen Leben, die sie leben werden. Dieser Unterricht ist nur eine

Spezielle Aktivitäten

Auffrischung dessen, was sie eigentlich schon alle erlebt haben sollten.

Martas Erzählungen können auch ein Hinweis darauf sein, dass sie und ihre Seelengefährten zusätzlich auch trainieren, Gruppen zu betreuen. Ihre Bemerkungen deuten darauf hin, dass sie und vielleicht auch ihre Seelengefährten sich in der Ausbildung zum Guide befinden. Die Schilderung wechselt nun zu der Frage, wie sie in der Lage war, sich im selben Zug wie ihre Eltern auf dem Weg ins Konzentrationslager wiederzufinden. Dies ermöglichte ihr, wie geplant mit ihrer Mutter zu sterben, ungeachtet ihrer vorherigen Entscheidung, sich zu verstecken, als die Deutschen ihre Eltern fortschafften:

Frag deinen Führer, wie er es geschafft hat, dafür zu sorgen, dass du deine Mutter wiederfindest.
Es gab mehrere Möglichkeiten. Ich hätte vor dem Treffen mit ihr im Zug sterben können, aber der ganze Sinn der Sache für mich war es, mit ihr zu sterben. Daher wurde dafür gesorgt, dass auch wenn die Soldaten mich ursprünglich nicht mitnahmen, ich dann doch im gleichen Zug wie sie landen würde.
Frag deinen geistigen Führer, wie sie es schaffen, Menschen dazu zu kriegen, Dinge so zu tun, damit geschehen kann, was sie lernen wollen.
Sie können Menschen antreiben, sie auf Gedanken bringen, und sie ermutigen in eine bestimmte Richtung zu gehen.
Während sie schlafen?
Sogar während sie wach sind. Sie sind sehr mächtig. Ich habe selbst schon mal versucht, das zu tun. Wir können an Leuten üben während sie schlafen, und es ist sehr lustig. Wir machen es regelmäßig, um in Übung zu bleiben.
Und wie funktioniert das, eure Gedanken zu den Menschen zu senden?

Wir müssen uns sehr konzentrieren, und oftmals sind es zwei oder drei von uns, die sich dazu verbinden. Träume sind der einfachste Weg.

Müsst ihr eine energetische Verbindung zu diesen Menschen haben?

Die Menschen, an denen wir üben, werden uns gezeigt, da wir nicht einfach eine zufällige, schlafende Person auswählen können. Jemand anderes kümmert sich also darum, dass da ein Kontakt ist, oder sie weisen uns mental auf die Person hin, an der wir üben können. Wir wollen und dürfen niemandem schaden oder sie erschrecken. Solange es harmlos ist, ist es in Ordnung, und für gewöhnlich handelt es sich nicht um jemanden, den wir kennen.

Die Vorstellung, dass erfahrene Seelen in der Lage sind, Menschen in der physischen Welt mittels ihrer Träume zu beeinflussen, ist ziemlich weit verbreitet. Dass das aber auch geschieht während wir wach sind ist seltener berichtet worden. Hier handelt es sich vermutlich um das Vermitteln einer starken Intuition oder dem Herstellen einer spontanen Fügung, die wir kaum ignorieren können. Das alles ist offensichtlich Teil der Art, wie wir selbst versuchen, uns an unseren Lebensplan zu halten, manchmal mit unseren Seelengefährten und anderen, manchmal durch andere Seelen mit denen wir verbunden sind. Wie wir das im Einzelnen erreichen wird später wieder aufgegriffen werden.

Intellektuelle Betätigungen

Whitton ist der einzige Pionier, der sich kurz auf das bezieht, was intellektuelle Studien in „weiten Hallen des Lernens, die mit Bibliotheken und Seminarräumen ausgestattet sind" genannt werden kann. In diesen „studieren Ärzte und Anwälte ihre jeweiligen Fächer, während sich andere solchen Themen wie die Gesetze des Universums und anderen metaphysischen Stoffen

Spezielle Aktivitäten

widmen". Diese Hallen sind ganz klar nicht die gleiche Kulisse wie die Bibliothek der Lebensbücher, die sich mehr auf emotionalen Lektionen zu konzentrieren scheinen.

Lene Haugland ist eine unserer Probandinnen, die das Streben der Seelen nach intellektuellen Fähigkeiten bestätigt, und das glücklicherweise auch sehr detailliert tut. Sie ist auch dahingehend ungewöhnlich, als dass sie in einer sehr frühen Phase bereits damit beschäftigt ist, unmittelbar nach ihrem Übergang und der ersten Heilungsphase. Das „Klassenzimmer", das sie beschreibt, ist ausgestattet mit einer Art Bildschirm und Büchern, die ähnlich einem Film zum Leben erwachen. Das ist nicht unähnlich den Lebensbüchern, aber die Art der Information, die in ihnen enthalten ist, unterscheidet sich sehr klar:

Ich sehe diesen riesengroßen Raum. Er ist gewissermaßen wie ein Klassenzimmer, und er schaut aus, als könnte er aus alten Zeiten stammen, vor über hundert Jahren… Ich sehe große, hölzerne Tische und Stühle, und die Wände sind ebenfalls hölzern. Es ist nicht hell, es ist ziemlich dunkel. Es gibt eine Menge Bücher hier drinnen, große Bücher, und Leute lesen und schreiben in ihnen. Am Ende des Zimmers ist eine Art Bildschirm.
Gibt es irgendwelche anderen Wesen in diesem Zimmer?
Ja, da sind eine Menge Leute.
Wie zeigen sie sich dir?
In menschlicher Gestalt, aber alle haben langes, weißes, glänzendes Haar. Keiner spricht mit einem anderen, sie sind einzig mit den Büchern befasst. Sie tragen sie herum, schreiben in ihnen, lesen in ihnen. Vor dem Bildschirm ist eine Art Maschine, und der Bildschirm scheint dreidimensional zu sein. Er ist extrem tief.
Bist du hier schon mal gewesen?
Ja.

Und wozu benutzt man den Bildschirm?
Ich kann in ihn hineingehen wenn ich will. Ich habe das Gefühl, dass ich darin verschwinden könnte. Es handelt sich um eine andere Art, tiefer zu gehen, es ist als ob ich an einen anderen Ort gehe.
Was machst du dieses Mal hier?
Ich glaube, ich habe hier drinnen schon öfter mit den Büchern gearbeitet. Wenn ich eines öffne, ist es nicht wie mit einem echten Buch, es ist, als ob da ein Film ablaufen würde. Als ob es lebendig wäre.
Haben diese Bücher unterschiedliche Titel?
Ja.
Wie lautet der Titel von dem, das du gerade anschaust?
„Schlüssel".
Und worüber liest du?
Es ist schwierig zu verstehen. Ich bekomme das Gefühl, dass es etwas mit technologischen Dingen zu tun hat, wie Zeit und Raum. Es dreht sich so schnell.
Wirf einfach einen Blick auf eine der Seiten und erzähl mir, was da an Information zu sehen ist.
Ich sehe diesen Kreis, und er ist wie eine Sonnenfinsternis, gefolgt von einem Vollmond. Er ist dunkel, dann leuchtet er, dann ist er hell, aber ich weiß nicht, was das bedeutet.
Was hat dich dazu bewogen dieses Buch anzuschauen?
Das Wort, das mir in den Sinn kommt, ist Astronomie und Geometrie. Es ist wichtig für mich, einige Verbindungslinien zwischen Planeten und Solarsystemen zu kennen. Es ist so, als gäbe es Informationen in mir, über irgendeine Art von Verbindung.
Benutzt du irgendwelche anderen Bücher in der Bibliothek?
Die Person am Tisch nebenan hat dieses Buch über Blumen, fantastische Blumen. Nie zuvor habe ich solche Blumen gesehen. Es sind nur diese besonderen Leute, die hier arbeiten.

Spezielle Aktivitäten

Sie haben langes, glänzendes Haar, sind ziemlich klein, und sie haben ziemlich große Nasen.
Haben sie einen speziellen Namen, oder Beruf?
Sie sind nicht einfach nur Bibliothekare, es scheint, als sei es ihre Aufgabe, die Bücher zu lesen, aber sie lesen nur die, die sie benötigen. Die erste Person, die ich gesehen habe, sein Name lautet Marly, und ich glaube, er hat die spezielle Aufgabe, Leute abzuholen, wenn sie nach Hause kommen.
Kann jede Seele in diese Bibliothek kommen?
Nein. Man muss eine Verbindung haben. Ich habe keine Ahnung, warum ich hier drin sein darf, denn ich bin keiner von ihnen, aber aus irgendeinem Grund ist es mir gestattet, hier zu sein.
Lene beschreibt dann wie sie sich durch einen Korridor in einen anderen Raum bewegt, in dem Seelen, anstatt auf die konventionelle Art zu lernen mit einer automatisierteren Form von Informationsbeschaffung beschäftigt zu sein scheinen:

OK, erzähl mir, was du als nächstes machst.
Ich befinde mich in einer Art Klassenzimmer, mit Bänken, aber ohne Tische.
Und wie viele Leute sind dort?

Ich zähle mal. [Flüstert] Eins, zwei, drei, es sind fünf Leute da. Sie sitzen nicht beisammen und reden miteinander, es ist als ob sie etwas aufnehmen, eine Art Energie. Es scheint etwas wie eine Art Ladestation für Informationen zu sein, und wenn sie an verschiedenen Orten sitzen, bekommen sie verschiedenartige Informationen.
Setzt du dich hin und nimmst auch etwas an Information an diesem Ort auf?
Nein, nein. Ich gehe durch.
Hast du diesen Ort je selbst zum Laden von Informationen benutzt?

Ja.

Handelt es sich um dieselbe Art von Information wie in der Bibliothek, in die du gegangen bist?
Es handelt sich um dieselbe Art von Information, aber sie nehmen sie nicht durch Augen auf. Die Bibliothek war körperlicher und geistiger Art. An diesem Ort sitzt man einfach nur da und nimmt auf.

Als sie dann weiterzieht, um sich mit ihrer Seelengruppe wieder zu vereinen, stellen wir fest, dass deren Interessengebiet u.a. das Arbeiten und Kommunizieren mit zeitlosen, bildhaften Symbolen mit einer mathematischen Untermauerung derselben beinhaltet:

Was ist die aktuelle Aufgabe dieser Seelengruppe?
Wir arbeiten mit Symbolen. Wir kommunizieren mit ihnen, da wir auf diese Weise exaktere Informationen bekommen.
Ist das spezifisch für eure Gruppe?
Nein, das ist etwas, das von vielen Seelengruppen benutzt wird. Jeder, der sie benutzt, weiß, was die Symbole bedeuten, sie sind wie Bilder, eine Sprache der Mathematik.
Ist es möglich, dass diese Information unten auf der Erde niedergeschrieben wird?
Ja, das ist es, aber was sie so schwierig zu benutzen macht auf die Art, wie wir es zuvor getan haben, vor langer Zeit, ist, dass verschiedene Völker und Kulturen ihnen verschiedene Namen und Bedeutungen gegeben haben, sodass die ursprünglichen Bedeutungen nicht mehr klar sind.

Lene scheint hier eine Art archetypische „Sprache des Universums" zu beschreiben, und es ist interessant, dass sie berichtet, dass diese einst auf der Erde allgemein gebräuchlich war, nun aber durch verschiedene Kulturen derart entstellt wurde, dass ihre ursprüngliche Bedeutung nicht mehr klar ist.

Spezielle Aktivitäten

ENERGIEARBEIT

Newton liefert einige Beispiele von Klienten, die kreativ mit Energie arbeiten. Etliche der Klienten bestätigen dieses Konzept und dessen Bedeutung, so dass davon ausgegangen werden kann, dass die einfache Arbeit mit Energiemanipulation vielleicht gar nicht so sehr eine Spezialisierung ist, sondern etwas, mit dem sich alle Seelen in einem gewissen Maß beschäftigen.
Ein schönes Beispiel hierfür stammt von Liam Thompson aus seinem zweiten Treffen mit seiner Seelengruppe:

Was passiert jetzt gerade mit deiner Seelengruppe?
Sie gestalten etwas mit ihrer Energie. Sie sind alle Heiler und ich bin es auch. Sie machen Formen, Gestalten.
Und was sind das für Formen?
Reine Energie.
Von woher kriegen sie diese Energie?
Ich denke, sie channeln sie von der Quelle.
Was machen sie mit dieser Energie?
Hmm. Lernen, wie feste Materie erschaffen wird. Zuerst an kleinen Dingen arbeiten. Ich bin mir nicht ganz sicher, wie das gemacht wird…Steine…Klare, fokussierte Gedanken.
Benötigt man dafür viel Übung?
Ja. Man braucht eine Menge Übung. Es ist leicht, etwas zu visualisieren, aber es ist schwerer, es nach außen zu projizieren.
Wie projiziert man es denn eigentlich nach außen?
Deine Energie fließt und folgt deinen Gedanken. Es ist wie das Formen von Ton. Ich schaue gerade zu, ich habe diese Stufe noch nicht erreicht. Ich weiß aber wie es geht.

Diese Beschreibung stützt sehr die Vorstellung, dass alle physischen Formen des Universums durchgehend das Resultat von Gedanken-Formen und gerichteter Energie sind. Es scheint in der Tat so, dass dies von der Quelle selbst ausgeht, die zu Beginn die Galaxien und Sonnensysteme, die das Universum bevölkern, manifestierte, und dann die detailliertere Erschaffung all der Lebensformen, die verschiedenen Planeten bewohnen bildete. Diese Hypothese unterstützt allerdings nicht eine wörtliche, biblische Darstellung der Schöpfung. Stattdessen scheint es so, als ob verschiedene Blaupausen für unterschiedliche tierische, pflanzliche und mineralische Lebensformen in verschiedenen Stadien der Kreation geschaffen wurden. Diese entwickeln sich konstant in den verschiedenen planetaren Umweltsystemen entlang natürlicher Entwicklungslinien. Newton liefert ein Beispiel eines Klienten, der daran arbeitet, ein ernsthaftes Ungleichgewicht zwischen den dominanten tierischen und pflanzlichen Lebensformen im Ökosystem eines anderen Planeten zu korrigieren. Der Prozess beinhaltet die Anwendung fokussierter Gedanken-Formen, um der Evolution einen „Schubs" in die richtige Richtung zu geben, damit das Experiment nicht von neuem starten muss. Dies scheint eine schöne, spirituelle Erklärung des Prozesses darzustellen.

Es scheint auch so, in gewissem Maße, dass das Arbeiten mit Energie mit einer Art Heilen verbunden ist. Liam lässt in seinem vorangegangenen Bericht erkennen, dass in seiner Gruppe alle Heiler und ebenfalls Energie-Manipulatoren sind. Nadine Castelle versuchte in ihrem letzten Leben als Arzt Energieheilen in der physischen Welt anzuwenden. In ihrer Besprechung jenes Lebens ist ihr wichtig, dass sie in Zukunft die Energiefelder wahrnehmen möchte und auch genau lernen möchte wie diese die Materie beeinflussen müssen um zu funktionieren". Auf Grund dessen nimmt sie sich inmitten des Zwischenlebens eine spezielle Auszeit um ein diesbezügliches Energietraining zu absolvieren. Sie beschreibt einen komplizierten, subtilen Prozess einer „Konfiguration":

Spezielle Aktivitäten

Ich gehe in die Gärten. Ich habe einen speziellen Garten, zu dem ich gehe. Ich mag es einfach dazusitzen und zu beobachten.
Was machst du hier?
Es gibt viele Dinge, die man tun kann. Ich mag es einfach, zu versuchen, Formen durch Gedanken zu erschaffen.
Und was für Formen schaffst du gerne?
Blumen. Sie sind einfach Gedanken-Formen.
Gibt es andere Dinge, die du an diesem Ort machst?
Konfiguration.
Energiefrequenzen in unterschiedliche Formen konfigurieren. Man kann verschiedene Dinge erschaffen, verschiedene Formen von Dingen. Nicht nur Materie, sondern auch z.B. Atmosphäre. Ich bin nicht sehr gut im Moment, ich versuche einfach wirklich nur es zu lernen.
Auf welche Weise unterscheidet sich das vom einfachen Erschaffen von Gedanken-Formen?
Gedanken-Formen sind wie eine telepathische Art, Energie in Materie zu verwandeln. Man kann einfach an etwas denken und es „herunterziehen" und es wird Materie. Bei der Konfiguration ist es ein reinerer Prozess und man muss die verschiedenen subtileren Energietypen, die wir schaffen, verstehen, ebenso wie die unterschiedlichen Partikeltypen oder unterschiedlichen Substanztypen, die die Partikel zu dem machen, was sie sind. Es ist kompliziert und ich werde mehr Wissen darüber in den nächsten Leben, die ich führen werde, erwerben.
Was wirst du mit diesem Wissen in deinen nächsten Leben machen?
Verbindung. In unserer Gruppe dreht sich alles um Verbindung, Leute auf eine bestimmte Art fühlen zu lassen, und sie in einen bestimmten Form-Typ zu entwickeln. Das heißt, energetische Form, sodass der menschliche Körper sich

öffnen kann für die Stärke und das Gewahrsein der geistigen Form.

Einer der vielleicht faszinierendsten Aspekte von Energiearbeit dürfte es sein als „Lichtwesen" zu agieren, das dabei hilft, die „Energie-Matrix" oder „Gitter", die das ganze Universum verbinden, aufrecht zu erhalten. Veronica Perry liefert eine kurze Referenz dazu in ihrer ersten Sitzung, als sie die Möglichkeit beschreibt für einige Zeit in einem ihrer Interessengebiete zu arbeiten:

Diese Option bedeutet das Channeln von Energien fortzusetzen, aber in Geist-Form und über der Erde. Mir wird etwas wie ein Gitternetz gezeigt, in dem jeder Punkt ein Lichtwesen ist und sie sind alle verbunden und kombinieren Energie.

Laura Harper beschreibt ebenfalls ein Thema an dem ihre Gruppe arbeitet:

Hat deine Gruppe ein bestimmtes Thema oder Zweck?
Wir entwickeln Licht-Radiation.
Was bedeutet das?
Ich sehe diese Matrix rund um die Erde vor mir. Dieses irgendwie wunderschöne Gitter, und es gibt Punkte auf ihm die aufleuchten. Eigentlich sind alle angeschaltet, sie sind alle erleuchtet und verbunden. Zuerst habe ich gesehen, dass Dinge auf der Erde, wie Bäume und Pflanzen, auch diese Matrix haben und verbunden sind. Dann, von weiter weg, hatte ich den flüchtigen Eindruck, dass alle Planeten ebenfalls verbunden sind. Was ich sehe ist „die Knotenpunkte testen".
Wie funktioniert dieses Testen der Knotenpunkte?
Wir alle bilden Schlaufen untereinander, und es ist ein bisschen wie dieser Film, ET. Einer von uns legt einen

„Finger" auf einen Knoten, und der am Ende der Schlaufe hat einen „Finger" auf einem anderen Knotenpunkt. Für nur einen Moment werden wir erleuchtet. Es fühlt sich an wie „aufgeladen" werden. Es ist ein bisschen als ob man ein Lichtmessgerät wäre.
Hmm, und was passiert mit dem Knotenpunkt an den ihr angeschlossen seid?
Der Knoten wird sehr hell, strahlend. Es ist eine Art Schimmer der herumgeht, wie eine Welle oder ein Puls. Ich denke, wenn wir es falsch machen, dann ist es eine Art Schock. Ah, ich sehe jetzt, wir sind wie eine Art Stromleiter der Quelle. Wir fungieren auch als eine Art Ladestation. Wenn wir diese Arbeit nicht täten, würde alles auf der Erde einfach sterben, das Licht würde letztlich verkümmern. Alle Materie würde einfach zu Partikeln werden, und die würden nicht zusammenhalten, um eine ordentliche Form zu bilden.

Obwohl nicht vollkommen klar ist, worauf Laura hier hinaus will, scheint es so, als ob sie auf einen Bedarf nach grundsätzlicher Energie aus der Quelle hinweist. Alles im Universum muss in Stand gehalten und wieder aufgeladen werden damit es in kohärenter physischer Form bestehen bleibt.

Die Seele Erkunden

6

PLANUNG DES NÄCHSTEN LEBENS

Du setzt die Noten, und wir sind die Flöte.
Wir sind die Bauern und Könige und Türme.
Du stellst das Brett auf: wir gewinnen oder verlieren.
Jelaluddin Rima, Sufi-Mystiker, 13. Jahrhundert.

Die wichtige Vorstellung dass wir aktiv involviert sein könnten im Aussuchen und Planen unseres eigenen Lebens findet sich nicht bei jeder der religiösen, spirituellen oder esoterischen Traditionen der Welt. Das beinhaltet auch jene, die am Konzept der Reinkarnation festhalten. Überraschenderweise stammt die erste Erwähnung eines Planens des nächsten Lebens aus dem 4. Jahrhundert vor Christus. Plato, der griechische Philosoph, nennt die Nahtoderfahrung eines im Kampf verletzten Soldaten, während der ihm eine Wahl für das nächste Leben angeboten wurde. In moderneren Zeiten kam der erste tiefgehende Bericht einer weiterentwickelten Energie namens Seth, der durch das Medium Jane Roberts in den 1960ern und 70ern sprach. Ein entscheidender Schub an Erkenntnissen wurde durch die voneinander unabhängigen Forschungen der Zwischenleben-Pioniere erbracht, und ausnahmslos alle berichten davon in ihren Arbeiten. Nahezu alle Klienten in den Studien berichten über eine

Art Lebens-Planung oder dass sie bestimmte Lektionen oder Ereignisse des nächsten Lebens mitbestimmen konnten.

Es gibt dabei eine ganze Reihe verschiedenster Elemente, und Seelen können sich in einem oder mehreren engagieren. Es scheint so, als on ein gewisses Maß an Vorausplanung und Diskussion mit den geistigen Führern schon früh, z.B. bei der Besprechung des vergangenen Lebens oder bei der Gruppen-Wiedervereinigung mit Seelenfreunden stattfinden kann aber nicht muss. Einige der vorhergehenden Leseproben von Klienten haben dieses Thema schon berührt. Die volle Planung mit Seelenfreunden und Lehrern und Weisen geschieht normalerweise eher gegen Ende des Zwischenlebens. Zu diesem Zeitpunkt gibt es eine Vorschau auf das nächste Leben, entweder als einzige Option, die zur Verfügung steht, häufig mit der Möglichkeit der Wahl aus verschiedenen Körpern, und Variationen der anstehenden Lektionen. Es finden meist Diskussion über das nächste Leben mit den Älteren und Lehrern statt, während oder nachdem eine spezifische Wahl getroffen wurde, um sich auf deren Weisheit und Erfahrung zu stützen. Die Erfahrung zeigt jedoch, dass es keinen fixen Ablauf der Ereignisse während einer LZL-Sitzung gibt, der spezifische Ablauf der Ereignisse ist sehr flexibel.

In dieser Gruppe konnten alle bis auf zwei Teilnehmer die Planung des jetzigen Lebens nachverfolgen, die beiden anderen erfuhren Pläne bezüglich eines vorausgegangenen Lebens, das jedoch für das jetzige bedeutsam war.

Gemeinsame Lebensplanung

Emotionale Probleme waren eine Hauptkomponente in der Lebensplanung der beiden folgenden Beispiele. Die Teilnehmer hatten sowohl ihre geistigen Lehrer als auch die mit betroffenen Seelen für diese Lektion an ihrer Seite. Liam Thompson trifft sich

Planung des nächsten Lebens

mit den beiden Seelen die seine Mutter und sein bester Freund in seinem jetzigen Leben sein werden. Gemeinsam diskutieren sie wie sie ihm am besten zur Seite stehen wenn er wieder in sein suizidales Muster zurückfällt wenn die Dinge schwierig werden, aber auch wie er ihnen helfen kann:

Ich bin wieder bei meiner Seelengruppe. Es wird Zeit zu diskutieren wie wir bestimmte Ziele der nächsten gemeinsamen Inkarnation erreichen können. Wer wem wie hilft.
Ist sonst noch jemand bei Dir?
Unsere Lehrer/Führer sind mit dabei.
Hat jemand schon eine Idee wie Ihr das durchführen könnt, was Ihr Euch vorgenommen habt?
Jamie wird mein bester Freund in diesem Leben. Wir lernen uns schon in der Schule kennen. Er wird ein Exzentriker, aber er hilft mir im Gleichgewicht zu bleiben. Er wird mir helfen die Wahrheit zu verstehen und deshalb werde ich mich auch immer wieder an ihn wenden. Er ist ehrlich zu mir. Dann ist da Karen, meine Mutter. Sie ist immer gerne eine Mutter, aber dieses Mal wird sie strenger sein. Sie wird nicht immer nachgeben, wenn es für mich anstrengend wird, und sie wird mich dazu bringen, dass ich den Realitäten ins Gesicht sehe. Sie wird erkennen können wenn ich wieder einmal vorzeitig abhauen möchte und mich daran hindern können, das ist das Gute daran
Wie wirst Du Ihnen helfen?
Wenn ich mich erst einmal zusammen gerissen und gefunden habe, dann werde ich ein echter Fels in der Brandung für meine Mutter sein, sie hat nämlich ein hartes Leben gewählt. Ich werde Jamie helfen auf dem Teppich zu bleiben, das braucht er, er ist einfach ein zu großer Freidenker in diesem Leben. Ach, jetzt erkenne ich meine Schwester, und da ist

noch jemand bei ihr namens Leanne, die beiden gehören auch zu meiner Gruppe. Ich werde beiden helfen können...Ich bekomme dazu Informationen von meinen Lehrern, es wird alles noch deutlicher werden.

Liz Kendrys Haupt-Problem während der letzten Inkarnationen war die übergroße Abhängigkeit von ihrem Ehemann und die Unfähigkeit ohne ihn zu Recht zu kommen nachdem er starb. Es war während der vergangenen Leben immer dieselbe Seele, die die Rolle ihres Ehemannes übernommen hatte, auch in ihrem jetzigen Leben war diese Seele als ihr Ehemann Charles an ihrer Seite. Während der Planung für das aktuelle Leben diskutierten sie verschiedene Möglichkeiten, die ihr dabei helfen sollen mit dem Verlust seiner Person besser umgehen zu können. Sie entdeckt dabei, dass sie ihm offensichtlich ebenfalls helfen kann:

> Wir reden gerade darüber ob es hilfreich wäre wenn wir in diesem Leben eine distanziertere Beziehung hätten. Eine andere Möglichkeit wäre in diesem Leben nicht miteinander zu arbeiten. Wir diskutieren auch einen Rollentausch, aber auch das wäre wohl nicht hilfreich in Bezug auf das Verlustgefühl. Die Möglichkeit, auf die wir uns einigen können ist dass wir oft getrennt sein werden, das ist die Alternative, die wir für dieses Leben wählen.
> *Warum wählt Ihr genau diese Lösung und nicht eine der anderen?*
> Wir hoffen, dass wir es auf diese Art und Weise schaffen unabhängig zu bleiben obwohl wir zusammen sind. Wir denken wir könnten dabei emotional wachen und nicht nur voneinander abhängig sein.
> *Ist Inka bei Euch?*
> Wir treffen sie jetzt. Charles´ Lehrer wird auch dort sein. .....Sie denken es wäre eine vernünftige Lösung.

Planung des nächsten Lebens

Was hat Charles davon, wenn ihr es so haltet?
Er muss Geduld lernen. Er sollte Geduld lernen bevor er stirbt. Ich helfe ihm dabei Geduld zu entwickeln. Die Kinder werden ihm ebenfalls dabei helfen, auch die Art Leben, die wir führen werden, wird dabei helfen. Er wird einige Prüfungen durchstehen müssen, Situationen in denen er in Dinge hineingerät weil er nicht genug nachdenkt. Dann könnte es sehr mühsam für ihn werden. Wenn er aber lernt sich Zeit für seine Entscheidungen zu nehmen kann er sehr erfolgreich werden. Ich werde ihm dabei helfen dass er Dinge langsamer angeht.

Der verabredete Plan für dieses Leben sah vor, dass Charles sogar noch früher als in anderen Leben stirbt und Liz die beiden gemeinsamen Kinder alleine großzieht. Die beiden sind ebenfalls in den Planungsprozess involviert und haben ebenso spezielle Aufgaben, die sie aus dieser Konstellation lernen:

Ich frage mich gerade warum ich die zusätzliche Herausforderung gebraucht habe zwei sehr junge Kinder ganz allein großziehen zu müssen. Sie sagen mir, dass das nicht meine Herausforderung ist, sondern die der Kinder.
Triffst Du Dich mit den Seelen Deiner Kinder und ihrer Lehrer und diskutierst das mit ihnen?
Mache ich. Isaac findet es ganz in Ordnung so aber Claire zögert. Sie wird älter sein als Isaac und erheblich mehr emotionale Probleme mit sicher herumschleppen. Sie hat auch Bedenken wie sie in dieser Situation mit anderen zu Recht kommt die Väter haben und ob das ihre Beziehung zu Männern generell negativ beeinflussen könnte. Wir sprechen jetzt über andere männliche Rollenvorbilder, die sie haben können. Familienmitglieder zum Beispiel.

Zum Zeitpunkt der LZL-Sitzung ist Charles bereits wie geplant gestorben. Interessanterweise bleibt sie bei dem Plan, den beide in der Vorbereitungsphase auf dieses Leben vereinbart haben. Sie könnte ja eigentlich während dieser Sitzung von ihrer Trauer um ihn beeinflusst sein oder durch die Wiedervereinigung aus der Bahn geworfen werden, was geschehen könnte, wenn sie nicht auf die Einsichten und Absichten ihrer Seelenenergien zurückgreifen könnte. Als „Charles" ist er für sie auch offenbar nicht so wichtig wie er als Seele, die mit ihr schon viele Leben als Paar gelebt hat, ist, wie wir auch in Kapitel 4 erleben konnten. Dieses Verhalten legt eine Form von Objektivität der Seelenergie des Probanden während der Zwischenleben-Sitzung nahe. Diese Objektivität bedeutet aber nicht, dass sie keine Gefühle mehr für Charles zum jetzigen Zeitpunkt hat, wie wir in späteren Auszügen ihrer Sitzung erfahren werden.

Lebens-Vorschau

Die meisten der Pioniere beschreiben eine Form von Lebensvorschau auf das derzeitige Leben während der Sitzung. Diese enthält oft auch Informationen über die zukünftigen Umstände unter denen man leben wird, über Eltern, Geschwister und geografische Gegebenheiten. Diese Informationen zeigen immer auch einen Bezug zu vorhergehenden Leben und Lektionen zu bestimmten Themen, die gelernt werden sollen.

Zwei Probanden, die sehr detaillierte Beschreibungen einer Vorschau geben konnten, weisen eine Gemeinsamkeit auf: Sie hatten nur eine Wahl einen bestimmten Körper annehmen zu können, was vermutlich daran liegt, dass sie mit einem wichtigen Thema in vorhergehenden Leben immer wieder nicht gut zurecht kamen. Der erste ist Liam Thompson, der sich immer wieder das Leben nahm, und es stellte sich heraus, dass er zwar viele

Planung des nächsten Lebens

Informationen erhält, aber nur wenige tatsächliche Situationen aus diesem Leben erfahren darf.

Ich bin in einer Art Kino (lacht). Es ist wirklich wie ein Kino mit Sitzen, die in Reihen angeordnet sind und einer Leinwand. Der Unterschied zum Kino ist, dass ich irgendwie die Kontrolle über das habe, was auf der Leinwand zu sehen ist und sehen kann was mich interessiert. Ich möchte mir bestimmte Dinge ansehen. Ich werde Situationen sehen, die mir weiterhelfen werden, so eine Art déjà vu Erlebnisse, die mir sagen werden, dass ich es dieses Mal richtig mache.
Was siehst Du auf der Leinwand?
Ich kann mich selber auf der Universität sehen, wie ich das Studium sausen lasse, weil es sich nicht richtig anfühlt. Das ist schon passiert
Was geschieht dann?
Ich arbeite in einem Buchladen. Tatsächlich arbeite ich grade in einem Buchladen. Offensichtlich bleibe ich aber nicht länger als zwei Jahre dort.
Zeigen Sie Dir irgendwelche Ereignisse nach dieser Zeit?
Das Band läuft zwar, aber es ist nichts mehr zu sehen.
Blockieren sie diese Informationen absichtlich
Ja.
Hattest Du eigentlich die Wahl einen anderen Körper zu bewohnen?
Nein, sie haben mir nur diesen angeboten. Ich hatte keine Wahlmöglichkeit. Ich muss sowieso aufholen, da darf man nicht wählerisch sein.
Welchen Eindruck hast Du von dem Leben, das Du führen wirst?
Ich habe ein bisschen Angst, ich zögere ein bisschen. Ich möchte nicht noch einmal etwas versauen und ich möchte es

mit diesem Körper schaffen. Ich weiß dass ich Unterstützung habe.

Diese Aussage von Liam kann man natürlich auch als unwichtig ansehen. Er hat nur Informationen erhalten, die er ohnehin schon kennt und der Rest wurde geblockt. Wir werden aber in Kürze sehen dass andere Probanden, die sich während der Sitzung nicht auf das jetzige sondern auf ein Vorleben vorbereiten, und dazu Informationen erhalten, eine ähnliche Art der Vorschau bekommen wie Liam.

Zusätzlich interessant ist, dass Liam andeutet, dass er bestimmte Ereignisse, die er in der Vorschau sieht, als Trigger erlebt, die seinem Unterbewusstsein vermitteln dass er auf dem richtigen Weg ist. Es erscheint logisch, dass eine Art der Hilfestellung in bestimmten Lebenssituationen ein déjà vu Gefühl erzeugt, wenn wir daraus schließen sollen dass dieses Ereignis bedeutsam für unser weiteres Leben sein wird.

Jack Hammond, der daran arbeitet nicht immer ein Einzelgänger zu sein, hat es scheinbar eilig wieder zu inkarnieren, obwohl er erst so kurz wieder bei seiner Seelengruppe ist. Dieses Verhalten finden wir öfter wenn eine Kernaufgabe im zurückliegenden Leben nicht wirklich gut gelernt oder sogar verpasst wurde. Es scheint so als ob die Seele möglichst schnell die Informationen, die sie erhält über Versäumnisse aus dem vergangenen Leben wieder aufholen und das Problem beseitigen möchte. Jacks Beschreibung seiner Lebens-Vorschau ist ebenfalls detailliert und unterhaltsam:

Ich muss wieder zurück und es nochmals versuchen.
OK, also wohin wirst Du gehen?
An einen anderen Ort. Ich weiß, dass ich mich gerade vorbereite um wieder zu inkarnieren. Ich bin mir bloß nicht sicher ob ich das gut finde.

Planung des nächsten Lebens

Beschreibe einfach den Ort wo Du gerade bist.
Das erste Wort, das mir einfällt ist Cockpit. Nein, es ist eigentlich kein Cockpit, eher eine Art Steuerzentrale. Es ist wirklich schwer eine passende Beschreibung für einige Orte hier zu finden.

Ist es eine Form von Energie, wie die anderen Orte?
Ja. Es scheint so als ob das hier so etwas wie ein Instrumentenpult ist, obwohl es eben keines ist dass ich kenne. Es ist als ob dieses Bild als eine Art Vermittler dient, damit ich verstehe was ich da tue. Es ist der Ort an dem sie einem das nächste Leben zeigen nachdem sie es geplant haben.

Was geschieht jetzt in diesem Raum?
Es sind noch zwei andere Energien hier. Sie bedienen die Instrumente und ich bekomme gezeigt wo ich hingehen werde. Es ist sehr interessant. Aber ich müsste nicht gehen, wenn ich nicht wollte, das wäre kein Problem.

Was zeigen sie Dir da genau?
Ein paar Sachen die ich nicht so sehr mögen werde. Ich werde genau die gleichen Eltern wie beim letzten Mal haben.

Zeigen sie Dir das oder erlebst Du das als ob es wirklich geschehen würde?
Es ist eine Mischung aus beidem. Wenn ich es in meiner Sprache beschreiben soll, dann ist es als ob ich auf einen Bildschirm schaue, aber es ist nicht so einfach, es ist viel komplizierter.

Welchen ersten Eindruck macht dieses Leben?
Meine Mutter stammt auf einer Seite von Maoris ab, ich natürlich auch. Ich habe immer das Gefühl anders zu sein, aber ich weiß nicht warum... Ah, jetzt begreife ich es. Ich werde der arme kleine Maori-Bub sein. Mein Bruder und meine Schwester nicht. Bei mir werden die Maori Gene voll durchschlagen und ich werde dunkelhäutig sein. Meine Mutter freut sich nicht gerade über ein Kind an dem man ihre

Herkunft so gut sehen kann, deshalb bin ich immer eine Art Enttäuschung für sie.

Wie hilft Dir das weiter in Bezug auf den Sinn Deines Lebens oder Deine Lektionen?

Es scheint so als ob ich der Ausgestoßene sein werde. Ich habe jeden Grund ein Einsiedler zu sein und mich nur mit mir zu beschäftigen. Jedenfalls werde ich so anfangen. Aber später lerne ich mit anderen zusammen zu sein und zu geben. Ich habe auch eine Menge gute Eigenschaften. Ich bin wirklich gut in Sport, und das bedeutet auch, dass ich eine Menge Menschen treffen werde und viel weitergeben kann. Ich habe außerdem eine ganz tiefe und spezielle Beziehung zu Menschen überhaupt.

Sind das Eigenschaften aus einem vorherigen Leben oder aus einer anderen Quelle?

Diese Fähigkeiten hatte ich immer schon, aber ich lebe sie in diesem Leben aus und unterdrücke sie nicht. Sie waren immer schon da. Ich kann sie ausleben oder unterdrücken, wie ich es früher immer gemacht habe. Dieses Leben wird allerdings hart werden, wirklich hart.

Hast Du andere Möglichkeiten oder ist das das einzige Leben, das sie Dir anbieten?

Ich hätte die Wahl gar nicht zu gehen, aber dazu bin ich zu stur und entschlossen. Ich mag nicht wirklich was ich da tun soll, aber ich will auch nicht bleiben wo ich bin. Ich habe den Eindruck dass ich nicht gehen muss wenn ich nicht will. Versteh das jetzt nicht falsch aber es fühlt sich so an als ob sie sagen: „Das wäre eine gute Möglichkeit für Dich, überleg es Dir. Du weißt am besten was Du tun willst. Wir werden Dir alles was Du brauchst mitgeben, aber ein bisschen Herausforderung muss schon sein." Ich bin ganz schön besorgt, was sie mir da mitgeben könnten, aber es fühlt sich anders an als ein Mensch besorgt ist.

Planung des nächsten Lebens

Was denkt Garth eigentlich über dieses Leben?
Er lächelt bloß. Er gibt mir zu verstehen, dass ich das schon überstehen werde und gut dabei wegkomme.

Jack bestätigt hier sehr schön eine von den Pionieren der LBL häufiger gemachte Beobachtung. Wenn einer Seele nur eine Möglichkeit für ein weiteres Leben geboten wird, die nicht gerade angenehm zu sein scheint, lehnt die Seele dieses mögliche Leben zunächst durchaus ab. Man könnte auch annehmen dass Seelen in ein Leben, das sie eigentlich nicht führen möchten, gezwungen werden, aber diese Vermutung bestätigt sich bei weiterem Nachfragen eigentlich nie. Seelen können die angebotenen Leben ohne weitere Konsequenzen ablehnen. Tatsächlich ist es jedoch meist so, dass nach der initialen Ablehnung ein gründliches Nachdenken der Seele einsetzt, das meist darin mündet, dass die Seele die gebotenen Herausforderungen durchaus zu schätzen lernt, da auf diesem Weg Fortschritte erzielt werden können, die sonst nicht möglich wären. Durch die anspruchsvollen Leben werden oftmals auch sich wiederholende negative Verhaltensweisen verändert, was sich ebenfalls positiv auf die weitere Entwicklung der Seele auswirkt.

Ich habe hier nur die detailliertesten Beschreibungen der Planungsphase gewählt, aber natürlich sind auch die anderen Beschreibungen wertvoll. Nicola Barnard erhält z.B. auch nur eine Möglichkeit für das nächste Leben von Ihrem Ältestenrat. Lene Haugland beschäftigt sich mit einer ganzen Reihe von neuen Erfahrungen in der geistigen Welt, was nahelegt, dass sie eine schon fortgeschrittenere Seele ist und wiederkehrende Probleme offenbar bereits überwunden zu haben scheint. Nichtsdestotrotz erhält auch sie nur eine Möglichkeit für das nächste Leben: „Ich weiß welches Leben ich als nächstes leben werde.... Es gibt da auch keine Wahlmöglichkeiten...Es ist so wichtig, dass ich in diese Familie geboren werde." Es wäre daher falsch anzunehmen dass nur ein Leben als Auswahl-Möglichkeit auf einen niedrigen Erfahrungsstand als Seele hinweisen würde.

Vorschau bei mehrfachen Lebensmöglichkeiten

Bisher hat nur Newton die Wahl mehrerer potentieller Körper/Leben diskutiert. Unsere Probanden haben seine Untersuchungen bestätigt und etwa dreiviertel der Probanden, die während ihrer Sitzungen auch eine Lebensauswahl treffen konnten, berichteten über Auswahlmöglichkeiten bezüglich der kommenden Inkarnation.

Es gibt etliche hervorragende Beispiele für diese Vorschauen. Nadine Castelle hat eine kurze Diskussion mit ihrem Guide über verschiedene Lebens-Möglichkeiten und das bereits während der Nachbesprechung ihres Lebens als Arzt:

> Mein Guide sagt ich habe Möglichkeiten. Ich könnte wieder Arzt werden und versuchen damit Achtsamkeit zu fördern oder ich könnte einen anderen Beruf wählen, der Achtsamkeit voraussetzt. Ich möchte etwas anderes machen, Arzt zu sein fühlt sich unglaublich schwer an und ich müsste wieder ein Mann werden und das will ich dieses Mal nicht.

Die meisten Klienten erleben die Vorschau gegen Ende ihres Zwischenlebens. Ob zufällig oder nicht, nahezu alle Probanden berichteten über eine Auswahlmöglichkeit aus drei Körpern. Katja Eisler wählt den Körper, von dem sie meint dass er die meisten Möglichkeiten bietet. Wir erinnern uns an ihr Vorleben als mexikanischer Farmer, der mehr Zuneigung für seinen Esel verspürte als für Menschen. Sie trifft sich mit Merlo, ihrem Guide, der sich offenbar nicht in die Wahl einmischen möchte:

Planung des nächsten Lebens

Ich habe so langsam wieder Lust ein neues Leben zu beginnen.
Was tust Du als Du das bemerkst?
Ich verlasse meine Seelengruppe. Ich verabschiede mich. Es ist nicht nötig zu emotional zu werden, wir sind uns immer nahe und bleiben verbunden. Wir wissen wie nahe wir uns alle stehen. Ich gehe zu einem großen weißen Gebäude, hohe Wände, flaches Dach, große weiße Türen mit mehreren Treppenhäusern.
Weißt Du was das für ein Gebäude ist?
Man kann dort Körper sehen, auch Szenen aus anderen Leben. Ich kann dort Eindrücke von anderen Leben bekommen.
Wie genau geht das vor sich?
Ich bewege mich auf einer Art Bühne. Sie ist aus Holz und nicht besonders groß, ähnlich wie in kleinen Theatern.
Wie funktioniert die Bühne?
Das weiß ich nicht genau. Ich bin mir nicht sicher ob ich vorne auf der Bühne bleiben soll oder hinter die Bühne gehen soll um zu sehen was sich da tut. Ich sehe Merlo, er steht etwas hinter mir und als ich mich zu ihm umdrehe sagt er „Du kannst das alleine entscheiden. Du wirst wissen was richtig ist sobald Du es gesehen hast."
Was tust Du also?
Ich sehe ein Mädchen in Japan. Es fühlt sich an als ob ich in einem Kino wäre, nicht in einem Theater. Sie ist sehr klein und zerbrechlich.
Kannst Du das Leben sehen das sie führen würde?
Ihr Vater ist sehr streng und ihre Mutter stirbt früh.
Warum lehnst Du dieses Leben ab?
Ich denke es ist einfach zu schwierig für mich. Sie ist so zerbrechlich. Ich sehe eine Stiefmutter und sie ist auch sehr streng.
Was wäre die nächste Möglichkeit?

Mein Leben, mein Körper. Meine Mutter will mich nicht als Tochter als ich klein bin, aber ich werde eine tiefe Beziehung zu meinem Vater haben. Ich werde Empathie lernen müssen um meine Mutter zu verstehen. Auch viel über Betrug. Betrug durch meinen Vater und andere. Selbst betrügen und betrügen lassen.
Was zieht Dich an diesem Leben an?
Ich habe einen starken Willen und einen flexiblen Geist. Ich weiß dass dieses Leben nicht einfach wird aber es gibt auch nicht viele andere Möglichkeiten außer dieser.
Welche Möglichkeiten gäbe es noch?
Es gäbe noch die Möglichkeit dieser Junge zu werden, sein Körper sieht aber sehr schwerfällig aus. Ich wäre sehr scheu und sehr unsicher. Ich würde in England oder Irland leben. Die Familie ist sehr arm, es wäre ein sehr unterprivilegiertes Leben mit wenigen Möglichkeiten es zu verbessern.
Warum lehnst Du dieses Leben ab?
Der Junge hat Lernschwierigkeiten. Ich würde gerne im nächsten Leben einiges tun und das kann ich mit diesem Körper nicht.
Gibt es noch andere Körper, die Du wählen könntest?
Nein.
Diskutierst Du das mit Merlo?
Er weiß es und er stimmt mir zu.

Wie wir sehen können hat Katja die Wahl auf verschiedenen Kontinenten zu leben, ebenso wie Marta Petersen, die als letztes Vorleben ein Leben als jüdisches Mädchen während des 2. Weltkrieges erlebt hatte, in dem sie anderen half:

Ich bin an einem Ort an dem man den Körper für das künftige Leben wählt. Ich habe einen Tisch vor mir, der in einem Halbrund um mich herum ist.

Planung des nächsten Lebens

Bist Du alleine?
Ja, aber ich weiß dass mein Guide später dazu kommen wird.
Aus wie vielen Körpern kannst Du wählen?
Drei.
Erzähl mir bitte von den Körpern, die Du nicht wählst.
Der erste ist ein Junge, aus Oslo in Norwegen.
Hat er einen starken oder schwachen Körper
Schwach. Er neigt sehr dazu zuzunehmen, aber er hat eine Menge Musikalität, die wirklich gut ist.
Warum wählst Du diesen Körper nicht?
Ich würde viele meiner wichtigen Lektionen nicht wahrnehmen können, weil er so aussieht wie er aussieht.
Welche Lektionen wären das denn
Ich würde mich isolieren, es gäbe nicht gerade viele sexuelle Erfahrungen und das ist etwas, das ich sehr schätze.
In welcher Weise sind sexuelle Erfahrungen wichtig für Dich?
Ich muss lernen meine Emotionen besser zu kontrollieren und das ist eine gute Möglichkeit stärker zu werden, auch als Persönlichkeit. Der Junge hätte nicht viele sexuelle Partner weil er nicht attraktiv ist.
OK, geh bitte zum nächsten Körper und beschreibe den.
Es ist ein Mädchen, in China oder Japan, aber ich weiß sehr schnell, dass ich diesen Körper nicht wählen werde weil die Art, wie man in diesen Ländern lebt, mir nicht liegt. Es fühlt sich engstirnig an, zumindest der Haushalt in dem das Mädchen aufwachsen würde. Ich könnte mich spirituell nicht entwickeln und ich hätte keine Möglichkeit aus meinem musikalischen Talent etwas zu machen. Ich weiß nicht warum sie mir diesen Körper anbieten, er würde so wenig Möglichkeiten bieten das zu lernen was ich lernen möchte.
Wenn Du jetzt den Körper betrachtest, den Du gewählt hast, wie fühlt sich das an?

Er ist eine Herausforderung, weil ich damit wirklich auffallen werde. Ich bin groß, ich würde mich nicht verstecken können. Ich würde nicht in der Menge untergehen, nicht mal während meiner Jugend.
Ist es ein starker Körper?
Eher durchschnittlich. Es ist kein Körper um Sport zu machen oder ähnliche Aktivitäten. Aber er ist stark genug.
Hast Du die Möglichkeit bestimmte Emotionen zu wählen, die mit diesem Körper verbunden sind
Naja, es wäre ein sehr sturer Körper. Ich könnte meine Gefühle auch schlecht verbergen und das würde viele Menschen irritieren, die mit mir Kontakt haben.
Diskutierst Du diese Wahl mit Deinem Guide?
Ja. Er empfiehlt mir einiges zu durchdenken. Es wird einige Situationen geben während derer ich die Wahl haben werde aufzugeben oder weiterzumachen. Es wäre schön wenn ich es durchstehen könnte, dann würde alles gut laufen, aber es gibt auch das Risiko dass ich es nicht durchstehen werde.
Welche wichtigen Situationen sind das?
Es wird schwere Zeiten während meiner Pubertät geben, und er überlegt ob er mir hier Hilfe schicken kann. Ich werde sehr wenig Selbstvertrauen während dieser Zeit haben. Es gibt wohl Einiges, was ich früh im Leben mitmachen muss um alle Lektionen die ich erleben möchte auch machen zu können.

Im Gegensatz zu Marta Petersen konzentriert sich Laura Harper mehr auf die emotionale „Ausrüstung" die die zur Wahl stehenden Körper bieten. Sie hatte ein Leben hinter sich in dem sie als alter Mann, dessen Stadt erobert wurde starb und sie lernte während dieser Inkarnation das Leben nicht zu ernst zu nehmen:

Ich fühle mich als ob ich auf einem Raumschiff wäre. Es ist rund und dunkel. Es gibt Konsolen. Ich sehe vier Sarkophag-

Planung des nächsten Lebens

ähnliche Strukturen die für die Körper stehen, die ich bewohnen könnte.
Geh einfach einen nach dem anderen durch und erzähl mir von den Eindrücken, die Du gewinnst.
OK, der erste Körper ist eine Frau. Relativ klein und leicht, sehr feine Knochen. Zu zerbrechlich.
Inwiefern wäre dieser Körper hilfreich für das was Du geplant hast im nächsten Leben?
Um, dieser Körper hat eine sehr sensible und empfängliche Sensitivität. Diese Person wäre sehr feinfühlig und sie wirkt wirklich sehr zerbrechlich aber sie hat eine unglaublich gute Aufnahmefähigkeit.
Was würde das für das Leben, das Du führen würdest, bedeuten?
Es wäre ein schwieriges Leben. Sie wäre sehr geeignet heilende Arbeit zu tun, sie wäre hervorragend darin.
Warum lehnst Du diesen Körper dann ab?
Sie wäre zu empfindlich. Sie ist nicht belastbar.
Wäre es sehr anstrengend mit einem solchen Körper zu leben?
Weil sie so sensibel ist und so viel empfindet und spürt wäre sie auch sehr verletzbar und ich bekomme den Begriff „verstümmelt" in diesem Zusammenhang.
Geh bitte zu dem nächsten.
Der zweite wäre genau das Gegenteil. Es ist ein Mann, groß, stark und wunderschön mit langen Haaren wie ein Wikinger.
Warum hast Du diesen Körper nicht gewählt?
Es wäre wirklich schwer meine Kontrakte zu erfüllen. Es wäre sehr leicht und verführerisch mein Leben mit oberflächlichen Dingen zu vergeuden.
Geh bitte zur dritten Möglichkeit.
Es ist ein Frauenkörper. Sie ist recht feurig. Sie kennt auch Hass. Sie hat einen guten Humor und schätzt Spaß. Warum

habe ich diesen Körper nicht genommen? Ahh, das Wort „mutwillig" wird mir gegeben.
Wäre es ein hartes Leben in diesem Körper?
Es wäre eigentlich recht einfach und außerdem würde es Spaß machen.
Könntest Du Dich auch spirituell so entwickeln mit diesem Körper wie Du Dir vorstellst?
Nein. Es wäre eine Menge Widerstand gegen eine solche Entwicklung oder auch nur gegen Nachgiebigkeit.
Geh bitte zum vierten Körper. Was zeigt sich?
Ich sehe den Körper. Hmm, sie ist auch ein bisschen wild. Sie ist nicht so sensitiv wie die erste, aber sie hat eine recht gute Sensitivität. Sie weiß recht genau was sie will, aber sie ist nicht mutwillig sondern herausfordernd.
Erinnere mich bitte nochmals an Deine Seelen-Aufgabe für dieses Leben
Meine Seelen-Aufgabe für dieses Leben ist es Liebe zu geben.
Wie wird Dir dieser Körper dabei helfen?
Sie ist robust. Aber sie hat auch eine natürliche Vorsicht, die ihr hilft im Gleichgewicht zu bleiben. Es ist ein bisschen so als ob man ein sehr sensitives Pferd mit viel Energie durch vorsichtiges Umgehen mit der Energie zu einem wundervollen Tier macht.
Bist Du alleine mit den Körpern oder ist jemand bei Dir?
Meine Guide ist dabei, richtig. Ich hatte sie gar nicht bemerkt, aber sie ist hier, auf meiner rechten Seite.
Diskutiert ihr über die Intelligenz die diese Körper haben werden?
[Lacht] Sie warnt mich dass der Körper, den ich wähle sich oft wie eine aufgeladene Batterie anfühlen wird. Mein Leben wird nicht einfach sein mit dieser Menge an Gefühlen.

Planung des nächsten Lebens

Einige Kritik über die Körperwahl während des Aufenthalts im Zwischenleben bezieht sich darauf dass der/die Klient(in) einiges über den Körper weiß den er/sie bewohnt sowohl unbewusst als auch bewusst. Deshalb werden wir jetzt einen Blick auf zwei Zwischenleben-Regressionen werfen in denen die Klienten den Körper für ein Vorleben planen, das sie bereits hinter sich haben. Ein vorheriges Wissen über solche Körper dürfte damit ausgeschlossen sein.

Das erste Leben, das wir uns ansehen ist das Leben, das Veronica Perry führen wird, nachdem sie in dem Leben zuvor im Alter von 86 Jahren in ihrem eigenen Bett stirbt nachdem sie ein sehr unspektakuläres Leben geführt hatte. Man bietet ihr interessante und sehr verschiedene Lebensmöglichkeiten. Unter anderem wäre es ihr möglich in der geistigen Welt zu bleiben und sehr spezialisiert mit Energie zu arbeiten, die anderen beiden Möglichkeiten wären Leben auf der Erde. Besonders interessant ist dass sie praktisch keine Vorkenntnisse hatte:

Ich habe drei Möglichkeiten.
Erzähl mir bitte von diesen Möglichkeiten.
Ich hätte die Auswahl aus zwei verschiedenen Körpern. Ich könnte aber auch in Energieform bleiben.
OK, erzähl mir bitte von jeder der Möglichkeiten.
Die erste wäre eine Inkarnation als Weise, ich sehe ein kleines Mädchen. Ich kann dieses Bild sehr genau sehen.
Was würdest Du lernen wenn Du diesen Körper wählen würdest?
Es wäre ein sehr schweres Leben. [seufzt] Ich sehe nicht viel was lernen angeht, es ginge mehr darum anderen etwas beizubringen.
Es ginge darum anderen etwas beizubringen?

Es ginge darum anderen die furchtbaren Dinge nahezubringen die mit Kindern geschehen können wenn sie unterprivilegiert sind. [seufzt]
Was denkst Du über dieses Leben? Wäre es richtig dieses Leben zu leben?
Ich denke keiner will so ein Leben leben müssen.
OK, schauen wir uns die zweite Möglichkeit an
Hmm. Dieses zweite Leben würde mir ermöglichen weiter an der Lektion über Geduld zu arbeiten. Ich bekomme nicht zu viele Informationen aber es ist ein Leben in dem ich viel lernen kann.
Was für eine Art Mensch wärst Du in diesem Leben?
Ich wäre ein Mann, wohlhabend, aus einer guten Familie, und die Lernaufgaben wären Geduld und Toleranz.
Was für einen Eindruck hast Du von diesem Leben?
Ich finde es gut, weil ich dabei viel lernen werde. Ich muss diese Gefühle noch erfahren lernen. Ich lehne dieses Leben aber ab weil ich noch andere Möglichkeiten haben werde diese Erfahrungen zu machen.
OK, gehen wir zur dritten Möglichkeit.
Ich würde in Energie-Form bleiben und weiter mit Energie arbeiten. Ich würde sie channeln und mich oberhalb der Erde befinden. Es ist wie ein Energie-Gitter. An jeder Knotenstelle dieses Netzes sitzt ein Energiewesen. Sie sind alle miteinander verbunden und kombinieren und verstärken ihre individuellen Energien. Ich könnte dort mitmachen.
Was denkst Du über diese Möglichkeiten?
Ich denke dass es sich gut anfühlt aber ich werde es nicht tun. Obwohl es ein hartes und oft trauriges Leben sein wird, werde ich die erste Möglichkeit wählen. Ich hatte gerade ein so wunderbares und friedvolles Leben, es war ein Geschenk. Ich werde dieses harte Leben gut durchstehen, denke ich.

Planung des nächsten Lebens

Es ist schon sehr bemerkenswert, dass Veronica das Leben als Waise wählt obwohl sie zuvor meinte ein solches Leben können doch niemand wollen. Wir werden später noch die Bedeutung eines Lebens, das anderen gewidmet ist, kennenlernen. Diese Leben werden altruistische Leben genannt.

Nachdem David Stephens' kurzes Leben in Arabien, bei dem er ausgeraubt zum Sterben in der Wüste zurückgelassen wurde, zu Ende war, plante er ein Leben während der Victorianischen Zeit in Großbritannien. Es gibt ungewöhnliche Aspekte an diesem Leben, die schon bei der Auswahl der Leben beginnen. Er hat die Möglichkeit aus etwa einem Dutzend Leben zu wählen und sucht sich daraus sehr rasch drei Leben aus, die ihn interessieren.

Er bespricht diese drei Möglichkeiten nicht nur mit seinem Guide Gendar sondern auch mit seinen engsten Seelengefährten. Dadurch können wir Einblick in die Gruppendynamik beim Planen von Leben gewinnen. Er benutzt während dieses Abschnittes die Namen, die sie in der geistigen Welt benutzen:

Wir sind alle drei da. Das ist ungewöhnlich. Wir werden während dieses Lebens zusammenarbeiten. Es gibt eine Menge Bildschirme hier, die aber sehr flexibel und veränderbar sind. Ich kann in sie hineingehen. Wenn ich die Bildschirme berühre bekomme ich einen Ausschnitt aus dem Leben dieses Menschen gezeigt. Man kann aber auch regelrecht hineinspringen in diesen Bildschirm und das Leben ausprobieren.

Sind das zukünftige Leben, die da gezeigt werden?

Ja. Es sind einige Leben, vielleicht ein Dutzend. Wir reduzieren diese Auswahl schnell auf drei. Ich bin mit Marcus und Zendos hier. Mein Guide Gendar ist auch da und er zeigt mir gerade ein bestimmtes Leben. Es ist ein Leben im Victorianischen England, ich wäre eine Frau in der besseren Gesellschaft. Ich weiß, dass ich dieses Leben wählen werde, weil diese ganzen Widersprüche in ihm sind. Einerseits ist es

sehr privilegiert und andererseits ist da auch der Schmerz ein Kind zu verlieren und deshalb fast zu sterben und später keine eigenen Kinder mehr bekommen zu können.
Inwiefern wäre das eine Hilfe für Dich?
Es ist nicht nur für mich wichtig sondern auch für Marcus.
Wie würde ihm das helfen?
Es geht dabei um die Bewältigung von Trauer, um Verlust, darum ob eine Beziehung eine Erfahrung wie diese überstehen kann. Wir lernen zu vergeben und wir lernen loszulassen.
Sind noch andere Mitglieder Eurer Seelengruppe an dieser Erfahrung beteiligt?
Marcus übernimmt oft die ernsten Rollen in meinem Leben. Wir haben diese Übereinkunft gegenseitig ähnliche Rollen füreinander zu übernehmen. Marcus wird mein Ehemann sein. Ich merke gerade, dass dieses Leben auch einen anderen wichtigen Aspekt für Marcus bereithält. Er muss an seinen sexuellen Bedürfnissen arbeiten, weil ich nach der Fehlgeburt weder Lust auf Sex habe noch zu Sex fähig bin. Es wird eine große Herausforderung für ihn werden damit umzugehen. Der Wechsel aus einer guten, liebevollen Beziehung zu einem Leben das von diesem Unglück völlig gezeichnet ist, wird hart werden.

David kann dann auch die Rolle, die Zantos, sein anderer Seelengefährte spielen wird, genauer erkennen. Zantos wird nicht nur das totgeborene Kind sein, das David in diesem Leben bekommt, er wird dann nach dieser Erfahrung rasch wieder inkarnieren und das Waisenkind sein, um das sich David kümmern wird:

Planung des nächsten Lebens

Weißt Du denn wer das Kind wirklich ist?
Ja, es ist Zantos, er kommt mit um dieses Kind zu werden.
Welche Erfahrungen machen Deine Seelenmitglieder und Du noch während dieser Erfahrung?
Für Zantos geht es darum was er in diesem Leben geben kann, nicht was er bekommt. Er hat seine eigenen Lektionen, die er angehen will, speziell was Wut angeht. Er wird aber auch als Heiler arbeiten und muss diese Eigenschaft mit in diesen Körper bringen. Ich werde das Waisenhaus während meiner späteren Jahre unterstützen und ich werde speziell auch ihn unterstützen. Marcus muss mit Zurückweisung und fehlender Intimität klarkommen. Wir werden bis an die Grenze gehen um herauszufinden ob eine so traumatische Erfahrung gut überlebt werden kann und trotz dieser Erfahrung ein gutes und sinnvolles Leben möglich ist.
Diskutiert Ihr diese möglichen Erfahrungen mit Eurem Guide?
Ja klar, er ist ein wichtiger Teil dieser Diskussionen.
Passt Ihr bestimmte Aspekte oder Vorkommnisse dieses Lebens an oder verändert sie
Nein. Es scheint alles gut so zu sein wie es geplant ist. Es sind alle wesentlichen Aspekte da, vor allem der Tod des Kindes.

Mit den Ältesten planen

Die Ältesten sind weit entwickelte Energien, die nicht mehr inkarnieren und in der Regel ein erheblich vertieftes Verständnis und Wissen besitzen als unsere Guides. Wir begegnen ihnen in unterschiedlich großen Gruppen, die auch Konzil oder Ältestenrat genannt werden. Sie helfen uns dabei das nächste Leben zu planen und sie besprechen die wichtigsten Aspekte unseres Fortschritts und unserer Lernaufgaben mit uns bevor wir wieder inkarnieren. Einige unserer Klienten sehen diese Erscheinungen in Energieform, andere beschreiben sie als menschliche oder halb-menschliche Entitäten. Sowohl weibliche als auch männliche Formen sind vertreten. Sie tragen oft Ornamente oder andere Gegenstände mit und ohne Zeichen bei sich die für den Klienten meist eine symbolische Bedeutung haben.

Wenn mehr als eine Begegnung in einer Sitzung mit dem Ältestenrat stattfindet so ist dieser in der Regel gleich, d.h. dieselben Mitglieder und derselbe Ort werden eben, in der Regel, zweimal aufgesucht. Es ist jedoch nicht selten, dass sich die Zusammensetzung und der Ort des Ältestenrats von Inkarnation zu Inkarnation verändert. Newton hat in seinen Büchern oft betont, dass der Ältestenrat für jede Seele individuell zu sein scheint und wenngleich wir dafür keinen ausreichend zuverlässigen Beweis liefern können, scheinen unsere Beobachtungen diese These zu stützen.

Trotz ihres minimalen vorherigen Wissens liefert uns Nicola Barnard (das Erdbeben-Opfer) einen wunderbaren Bericht über ihr Treffen mit den Ältesten zur Lebensplanung. Sie revidiert dabei Erwartungen und macht Erfahrungen, mit denen sie zuvor nicht gerechnet hatte:

> Es scheint so als ob hier ausgewählt werden muss. Entscheidungen werden getroffen, wie es beim nächsten Mal sein wird. Es sind drei oder fünf dieser Lichtwesen hier und sie unterstützen mich bei dieser Arbeit.....sie sind sehr weise.....ich fühle Ehrfurcht. Ich habe das Gefühl sie wissen so unglaublich viel. Und sie sind sehr nett und haben so viel Mitgefühl. Wir finden gemeinsam heraus was getan werden muss und was erlebt werden soll. Es geht um Erfahrungen und Erlebnisse. Sie kennen alle Deine Vorleben, das ist absolut faszinierend. Es ist wie eine Versammlung oder ein Konzil. Ich habe jetzt eben das Gefühl es geht weniger um Auswahl, das scheint schon entschieden zu sein. Ich werde eine Frau sein. Sie sagen mir dass ich lernen werde mich selbst zu

Planung des nächsten Lebens

schützen, und ein Gefühl der Sicherheit zu bekommen. Ich werde mich als Kind sehr unbeschützt fühlen, aber das stimmt nicht. Ich werde beschützt sein, das wollen sie mich unbedingt wissen lassen.

Liz Kendry ist einzigartig was ihre Sitzung angeht, weil sie in dieser Studie sowohl eine Sitzung zur Nachbesprechung als auch eine Sitzung zur Vorbereitung auf das neue Leben erleben konnte. Die bestätigt, dass die Zusammensetzung des Ältestenrats beide Male die gleiche ist und dass sie beide Male hauptsächlich mit einer Art Vorsitzendem kommuniziert. Es geht dabei nicht um ihr wiederholtes Problem mit ihrem Seelengefährten Charles, sondern um andere Aspekte des Lernens, die sie im kommenden Leben erforschen soll:

Ich beschreibe die wichtigsten Aufgaben in meinem nächsten Leben, den Zweck und die Ziele, die ich erreichen will. Auch über die Ziele der Seelengruppe und ich spreche mit ihm über die Auswahl des Körpers. Es gibt weitere Herausforderungen, die sie mir geben werden und mein Guide wird mir dabei helfen einige davon zu bewältigen. Es geht auch darum zu sagen was ich für richtig halte und nicht nur andere Menschen zu beschützen. Also nicht immer nur Rücksicht nehmen sondern auch meine Gefühle zu respektieren und mich zu äußern. Es wird Gelegenheiten geben, Beziehungen geben, die als Test für dies Herausforderungen dienen, und sie werden nicht angenehm sein. Ich soll lernen dass ich diese Situationen nicht aushalten muss sondern dass ich mich wehren kann. Wenn ich noch jung bin werden einige Männer versuchen mich zu missbrauchen und ich muss dann „nein" sagen können. Es gibt auch Freundschaften und Freunde, die mich ausnutzen werden oder sehr grob mit mir umgehen. Da muss ich mich durchsetzen und zu mir sehen. Es wird auch nicht zu viel werden, die meisten meiner Freundschaften werden gut sein. Ich darf nicht über meinen Schmerz hinweggehen, wenn es nicht so ist. Das sind neue Erfahrungen für mich, aber ich werde es letztendlich schaffen.

Liam Thompson hatte ebenfalls einen eher ungewöhnlichen Verlauf seiner Sitzung. Er trifft seine Ältesten zur Lebensplanung für das kommende Leben noch bevor er darüber mit seinen Seelengefährten spricht. Das Treffen weitet sich zu einer Diskussion über seine wesentlichen Probleme und den Fortschritt seiner Entwicklung aus. Es stellt sich heraus, dass er sowohl daran interessiert ist Heiler zu werden als auch Guide. Trotzdem er wiederholt Selbstmord beging ist er in seiner spirituellen Arbeit also durchaus fortgeschritten. Allerdings sorgen seine sich wiederholenden Probleme für eine Behinderung seines Fortschritts, er hinkt seiner Gruppe etwas hinterher. Obwohl er Bammel vor dem Treffen hat, stellt sich heraus, dass auch dieses Gespräch in einer Atmosphäre der Liebe und des Gleichgewichts stattfindet. Er nennt seine Ältesten die „Höhergestellten":

Wo gehst Du als nächstes hin?
Es sieht aus wie eine Kathedrale. Eine hohe Kathedrale mit glitzerndem Glas. Alles glitzert.
Ist jemand bei Dir?
Ich bin alleine. Ich gehe zu einem wichtigen Treffen.
Mit wem wirst Du diese wichtigen Dinge besprechen?
Es ist wie eine Art Gremium mit Höhergestellten. Sie sind mein Führungsgremium. Ich kann fünf von ihnen erkennen.
Ist Dein Guide bei Dir?
Der steht hinter mir. Er hält sich zurück. Er beobachtet alles damit wir später noch ausführlich über die Sitzung sprechen können. Er tut das für mich weil er weiß, dass ich das alles hören muss. Ich werde ganz schon was zu hören bekommen.

Planung des nächsten Lebens

In welcher Form erscheinen Dir die „Höhergestellten"? Menschlich oder energetisch oder anders?
Sie haben menschliche Formen.
Sticht einer von ihnen irgendwie heraus?
Ja. Er trägt eine dunkellilafarbene Robe. Er ist kahlköpfig und hat einen kurzen weißen Haarkranz. Er ist recht klein und pummelig. Er hat eine große, flache Nase und seine Augen sind durchdringend. Ich kann die Farbe der Augen nicht erkennen, aber der Ausdruck seiner Augen ist sehr weise.
Was geschieht zwischen Euch?
Er ermutigt mich ich selbst zu sein. Er spricht mit mir über meine Fähigkeiten. Er erzählt mir von den Fortschritten meiner Seelengruppe. Sie entwickelt sich sehr gut und ich behindere sie etwas dabei, nicht zum ersten Mal. Er sagt es wäre also wichtig, dass ich möglichst bald mein nächstes Leben wähle, sonst werde ich den Anschluss verlieren. Er gibt mir aber auch die Möglichkeit freiwillig zurückzugehen. Wir werden hier zu nichts gezwungen.
Wenn Du zurückgingst, was würde das für Dich bedeuten?
In eine andere Gruppe zu gehen. Eine weniger weit entwickelte Gruppe. Deutlich weniger weit, finde ich. Ich bin eigentlich schon nahe am Guide-Level in meiner Fortbildung, ich will nicht soweit zurückfallen.
Was besprechen sie noch mit Dir?
Sie sagen mir, dass zwei meiner Seelengruppen-Mitglieder, die ich gut kenne, einverstanden sind mit mir zurückzugehen. Es kommen später in diesem möglichen Leben noch andere aus meiner und anderen Gruppen dazu, aber mehr lassen sie mich noch nicht wissen.
Sagen sie Dir was der Zweck dieses Lebens sein wird?
Ich soll einer Menge anderer Menschen helfen und aufhören mich permanent zu verhätscheln. Ich bin eigentlich eine sehr fürsorgliche Seele, alle in meiner Seelengruppe sind sehr

fürsorglich. Ich soll endlich die Zufriedenheit in mir selbst finden und nicht immer nach Bestätigung von außen oder durch jemanden anderen suchen. Ich erwarte immer, dass andere meine Bedürfnisse erfüllen und Lücken füllen, dabei sollte ich das selbst tun.

Diese Worte sind wirklich weise. Wir können alle davon profitieren. Liam bestätigt damit auch, was Jack Hammond schon früher in diesem Kapitel sagte. Wir werden nicht gezwungen wieder zu inkarnieren. Er sagt außerdem, dass unsere Guides „sehr genau wissen wann der beste Zeitpunkt für die nächste Inkarnation gekommen ist". „Wir werden ruhelos und dann sprechen sie mit uns. Sie ermutigen uns, aber sie zwingen uns nicht. Sie zeigen uns aber auch die Vorteile auf, die es hätte, wenn wir wieder inkarnieren würden".

Veronica Perry, die ja nur minimales Vorwissen hatte, überrascht uns wieder mit einer detaillierten Beschreibung ihres Ältestenrats bevor sie in die Inkarnation als Waise geht. Es scheint eine recht informelle Angelegenheit zu sein, in erster Line zum Aufbauen und Mut machen für das schwierige Leben, das sie jetzt dann führen wird, gedacht:

Wir haben uns auf das kommende Leben geeinigt. Mein Guide und ich werden das Konzil nochmals treffen und mit den Ältesten über das geplante Leben sprechen.
Wie sieht der Ort aus an den Ihr geht? Beschreibe ihn bitte mal.
Es sieht aus wie eine andere Kuppel aber viel größer als die zuvor. Es ist alles aus Licht, aber es sieht aus wie Marmor. Ich kann zwölf Energien wahrnehmen.
In welcher Position befinden sie sich im Vergleich zu Deiner Position?
Sie wirken als ob sie weiter oben wären als ich. Ich fühle mich klein. Es sieht aus als ob sie im Halbkreis auf einer Stufe um

mich herum stehen würden. Mein Guide und ich stehen gemeinsam vor ihnen.
Was kannst Du noch erkennen?
Obwohl sie menschlich erscheinen sind sie viel länger, größer und sie leuchten. Es gibt Stühle mit hohen Lehnen und einen sehr langen Tisch. Aber sie sitzen dieses Mal nicht am Tisch.
Ist einer dieser Älteren irgendwie auffälliger als die anderen?
Ja, einer von ihnen sticht heraus. Er steht auch weiter vorne als die anderen.
Schau Dir bitte sein Gesicht und beschreibe es mir.
Es ist ein gütiges Gesicht, eigentlich sonst sehr unauffällig. Es scheint zur Hälfte aus Licht zu bestehen und die andere Hälfte ist menschlich.
Gibt es eine Art Ornament oder etwas anderes, das er Dir zeigt oder das auffällig ist?
Er hält einen Stab. Es sieht so aus als ob der Stab aus weichem Holz wäre und auf dem Stab ist ein sehr heller und sehr großer Kristall befestigt.
Hat dieser Stab für Dich irgendeine Bedeutung?
Er ist ein Zeichen für Hierarchie, aber durch die Weichheit des Stabes wird gleichzeitig vermittelt dass es eine freundschaftliche und mitfühlende Führungsriege ist.
Kommuniziert das Wesen mit dem Stab mit Dir?
Das Wesen zeigt jetzt eine eher weibliche Form und sie sagt mir, dass sie über meine Wahl sehr erfreut ist.
Woher weiß die Älteste von Deiner Wahl?
Sie wissen alles hier. Wir sind alle miteinander verbunden.
Sagen sie sonst noch etwas zu Dir?
Es ist eine recht entspannte Situation. Sie sagen mir, dass sie insgesamt mit meiner Arbeit sehr zufrieden sind und dass sie sehr froh sind dass ich das letzte Leben so genossen habe. Sie lassen mich wissen, dass es ihnen wohl bewusst ist, dass ich eine sehr schwere Entscheidung zu treffen hatte was mein

künftiges Leben angeht. Aber viele Seelen müssen sehr schwierige Entscheidungen treffen, nicht nur was ihr nächstes Leben angeht.

Wir haben im letzten Abschnitt von David Stephens' Entscheidungen gemeinsam mit seinen Freunden erfahren; sie einigten sich auf ein Leben im Viktorianischen England. Als er gefragt wird ob er dieses Leben noch mit anderen Energien, z.B. Lebensplanern besprechen will oder muss antwortet er: „Nein, nicht nötig, wir haben das schon ausreichend gut besprochen". Diese Reaktion zeigt sehr schön die Variabilität von Leben zwischen Leben Sitzungen. Als ich ihn auffordere zu einer anderen Zeit zwischen zwei Leben zu gehen und dort die Ältesten zu treffen wechselt er sofort problemlos in ein anderes Zwischenleben. Dieses Mal trifft er die „Weisen", allerdings nicht die, die er jetzt normalerweise trifft, bevor er in ein vergangenes Leben in Griechenland geht. Seine Beschreibung ist ein perfekter Kontrast zu der Beschreibung von Veronica, weil wir herausfinden, dass er nach einer Reihe äußerst schwieriger Leben, die er machen wollte um möglichst schnell möglichst viel Erfahrung und Wissen zu erlangen, ein „einfaches" Leben geschenkt bekommt, eine Art Urlaub, obwohl er der Meinung ist das nicht zu brauchen oder zu verdienen:

> Das ist schon sehr, sehr lange her, noch vor meinem Leben in Griechenland und es wird in vieler Hinsicht ein wunderbares Leben werden. Nicht ohne Herausforderungen aber mit viel Liebe und einer tiefen spirituellen Weiterentwicklung. Ich habe das Gefühl als ob ich dieses Leben gar nicht verdiene. Ich hatte eine ganze Reihe sehr harter Leben weil ich schnell vorwärts kommen und viel lernen wollte. Ich dachte immer um schnell vorwärts zu kommen müsste man harte, herausfordernde Leben haben. Aber dieses eine Leben, das sie

für mich ausgedacht hatten, war wie Urlaub. Ich sage ihnen dass ich das nicht verdiene, aber sie sagen mir: „Du hast es verdient und es wird Dir helfen Dich selbst besser zu verstehen".

WIEDERHOLUNGEN, ERINNERUNGEN UND TRIGGER

Einer der Ideen, die Newtons Klienten berichteten, war ein letztes Zusammentreffen der wichtigsten Beteiligten eines zukünftigen Lebens um relevante Teile dieses Lebens zu üben und bestimmte Trigger zu setzen, die ihnen helfen würden sich gegenseitig wiederzuerkennen wenn sie sich in diesem Leben begegnen würden. Es ist ein sehr spezieller Teil der Lebensplanung für ein zukünftiges Leben mit verschiedenen Seelengruppen und ein Teil unserer Klienten hat uns diese Übungen auch bestätigt. Nadine Castelle berichtet ganz nebenbei folgende Unterhaltung mit ihrer Seelengruppe während sie sich nach einem beendeten Leben wieder begegnen:

> Sie ziehen mich damit auf, dass wir uns im nächsten Leben auch wieder alle begegnen werden, und dass wir uns dann auch wieder erkennen werden aber auf völlig andere Art wie das letzte Mal.

Eine ganz andere Form von Rekapitulation berichtet Liz Kendry. Sie erzählt ebenfalls beiläufig von einem weiteren Treffen mit ihrer Seelengruppe bevor sie zum Ältestenrat geht:

> Wir sind zusammen und unterhalten uns darüber wer jeweils wer in den vorhergegangenen Leben war und wie wir miteinander verbunden waren. Wir unterhalten uns über

Timing und die verschiedenen Beziehungen die wir zueinander hatten.

Marta Petersen erlebt eine Begegnung mit ihrem zukünftigen Ehemann, der nicht aus ihrer unmittelbaren Seelengruppe stammt, sondern einer Gruppe mit der sie zusätzlich zusammenarbeitet. Er projiziert den Körper, den er in diesem Leben haben wird und zeigt ihr wie er aussehen wird, wenn sie sich kennen lernen, eine sehr effektive Hilfe, wie sie bemerkt:

> Ich treffe gerade eine andere Seele. Er wird mein zukünftiger Ehemann sein in diesem kommenden Leben und er zeigt mir den Körper, den er in diesem Leben haben wird und wie er aussieht wenn ich ihn das erste Mal treffe.
> *Beschreibe ihn bitte für mich.*
> Er ist groß, wie ich. Ich habe ihn mit achtzehn getroffen. Er ist aus einer anderen Seelengruppe. Wir verstehen uns sehr gut und haben schon oft zusammen gearbeitet. Er sagt mir dass ich nicht befürchten muss ihn zu übersehen, weil er an mir dranbleiben wird wenn er mich trifft. Wir werden nur kurze Zeit verheiratet sein weil er auch noch andere Lebensziele für dieses Leben geplant hat.
> *Inwiefern bringt Dir diese Ehe dann etwas?*
> Er wird für mich da sein wenn ich mich am meisten alleine fühle und er wird eine Menge Dinge nicht tun weil ich das nicht möchte. Er wird mich aber auch herausfordern.

Marta hat praktisch in Echtzeit realisiert wer dieser Mensch sein wird und wie sie ihn treffen soll. Im tatsächlichen Leben sind sie jedoch kein Paar und erst recht nicht verheiratet. Das wirft die Frage auf ob die eben erlebte Möglichkeit einer Beziehung mit diesem Mann, den sie ja kennt, ihr Leben nun in andere Bahnen lenken wird. Wir wissen jedoch schon, dass bestimmte Bereiche

Planung des nächsten Lebens

eines künftigen Lebens ausgeblockt werden können und keine Informationen darüber zu bekommen sind, wenn es für den Klienten wichtig ist diese Entscheidung/Begegnung/Lektion unbeeinflusst anzugehen. Es liegt also nahe anzunehmen dass die Kenntnis über die nicht zustande gekommene Ehe keinen relevanten Einfluss auf das Leben der beiden haben wird. Wir können aber davon ausgehen dass diese Information irgendwie trotzdem nützlich für sie sein wird.

Liam Thompson zeigt das umfassendste Wissen über die Planung seines derzeitigen Lebens von allen Probanden. Er beschreibt die Sitzung mit den Ältesten, mit seiner Seelengruppe und dann die Vorschau auf dieses Leben. Im Anschluss hat er auch noch ein Treffen mit allen relevanten Energien die ihn in diesem Leben begleiten werden. Er berichtet folgendes:

Die Gruppe und ich gehen gerade alle relevanten Ereignisse in dem künftigen Leben durch. Wir üben das auch, damit ich sie erkenne wenn ich sie treffe. Mein Guide zeigt mir außerdem noch andere Menschen die in meinem Leben eine Rolle spielen werden, die aus anderen Gruppen kommen, die ich kenne. Ich kann ihnen während dieses Lebens auf sehr unterschiedliche Weise nützlich sein.
Kannst Du mir berichten wen er Dir zeigt?
Meine Großmutter und meinen Großvater, außerdem jemand der mir viel beibringen wird in diesem Leben. Heather wird meine erste richtige Beziehung sein. Die Beziehung ist mittlerweile beendet, schon seit einiger Zeit. Sie hat mir dabei geholfen auf die Universität zu kommen und mir Stärke und Selbstvertrauen gegeben, damit ich mir ein Leben ohne meine Familie überhaupt zutraue. Sie hat mir geholfen das Abitur zu machen und auf die Uni zu kommen. Wir sind uns sehr nah. Wir haben das alles genauso geplant.
Gibt es noch andere Informationen die Du wissen darfst?

Hmm. Es wird echt hart wenn wir uns trennen. Ich helfe ihr genauso wie sie mir. Es ist wirklich gegenseitiges Unterstützen. Sie wird auch mit meiner Hilfe erwachsen. Sie ist naiv und auch nicht viel weiter als ich. Sie gibt leicht auf. Deshalb haben wir das auch gemeinsam durchgezogen. Es war genauso geplant. Sie war auch in früheren Leben schon mit mir zusammen. Nicht im letzten, aber vor einigen anderen Leben. Ich war damals ihr Vater und habe ihr auch geholfen erwachsen zu werden. Sie hat etwas sehr Kindliches an sich.
Ist das Treffen schon beendet?
Nein, da sind viele verschiedene Leute da und ich treffe jeden, der in meinem Leben eine größere Rolle spielen wird. So viele Menschen und wir öffnen uns und zeigen uns gegenseitig was geschehen wird und warum. Es ist wie Telepathie, aber noch viel komplexer. Ich zeige alles, sie zeigen alles. Lektionen, Lernaufgaben, die wir gemeinsam haben werden. Es ist wie ein Überblick über alles, was da kommen wird. Es sind eine Menge Menschen, die sich gegenseitig helfen werden.

Liam springt zwischen der Lebensplanung und dem was bisher tatsächlich geschehen ist hin und her, die Informationen fließen schnell das Vergleichen zwischen Planung und Umsetzung bisher geschieht gleichzeitig und ebenfalls schnell ohne dass er aus der Trance gerät. Der vertiefte Bewusstseinszustand wird sogar durch die Erkenntnisse verstärkt und seine Äußerungen legen nahe dass er jetzt Zusammenhänge erkennt, die ihm früher verborgen geblieben sind und dass er daraus seine Schlüsse zieht und Wissen gewinnt. Ganz nebenbei erkennt er auch dass er schon viele Leben hatte und dass z.B. Heather in einem Vorleben, das schon einige Leben zurück liegt, eine Rolle spielte.

Lisbet Halvorsen erlebt wie sie Zugang zu der Bibliothek erhielt, die die „Bücher des Lebens" enthält. Sie darf sogar nachsehen welche möglichen nächsten Leben andere Seelen

Planung des nächsten Lebens

wählen oder mitentwickeln. Der Grund dafür ist, dass sie lernen soll wie man Leben plant um anderen in Zukunft dabei zu helfen die richtigen Entscheidungen zu treffen und die bestmöglichen Lebenspläne zu entwickeln:

Ich öffne eine von mehreren Türen. Sie erscheint größer als die anderen. Sie ist oben gebogen und im Raum sehe ich viele Schriftrollen. Es sieht aus wie eine riesige Bibliothek und es gibt Schriftrollen für jede Seele.
Wie sehen diese Schriftrollen aus?
Sie sehen aus wie zusammengerollt aber wenn man sie öffnet sieht man alles wie in einem Film und Du erhältst alle Informationen die es über die Seele, die diese Schriftrolle betrifft, gibt. Alle Leben die sie schon gelebt hat, wo sie jetzt steht und welche Fortschritte sie macht.
Welche Aufgabe hast Du in diesem Raum? Was tust Du hier?
Mir wurde erlaubt in diesem Raum zu sein und die Rollen anzuschauen. Ich forsche hier und ich lerne wie sie hier arbeiten.
Warst Du schon einmal hier?
Ja, ich war schon einige Male hier und es ist wirklich eine große Ehre. Sie vertrauen mir, sie denken ich gehe richtig damit um und ich finde diese Arbeit sehr befriedigend und aufregend. Ich werde lernen wie man Leben plant, werde verstehen wie alles ineinander greift, zueinander passt und zusammen gehört.
Inwiefern hilft Dir dieses Wissen weiter?
Ich kann erkennen in welche Richtung die Menschen gehen und was Seelen brauchen um optimal lernen zu können. Wie alle Lektionen am besten vermittelt werden können anhand dessen was bereits gelernt und durchlebt wurde. Ich lese die Akte und sehe was sie noch brauchen um weiter zu kommen.

Ich erkenne was als nächstes für sie gut wäre und mit wem sie sehr gut zusammen arbeiten würden.
Wie erkennst Du das?
Es scheint so als ob Menschen in verschiedene Gruppen gehören würden und das spielt eine Rolle bei der Zusammenarbeit. Sie sind in primären Seelengruppen, es arbeiten aber auch immer mehrere Seelengruppen miteinander und es geht auch um die Zusammenarbeit dieser größeren Gruppen. Wenn verschiedene primäre Seelengruppen Pläne haben die sich ergänzen und zusammen passen, dann kann man einen größeren Plan entwickeln und sie zusammenbringen.
Gibt es sehr viele Möglichkeiten der Zusammenarbeit?
Ja, absolut. Es geht auch darum das Große-Ganze zu sehen und zu erkennen was alle aus der Gruppe mitnehmen und lernen können. Wie jeder von der Gruppe profitiert. Ich sehe mir alles an, denke darüber nach und kann erkennen ob es eine gute oder schlechte Idee ist. Ich wäge die verschiedensten Optionen ab, spiele die besten möglichen Variationen durch bis ich ein gutes Gefühl dabei habe und denke „Das ist es! Das wird gut!" Es ist schwierig es genau zu erklären, ich lerne auch erst zu planen.

Lisbet liefert eine hervorragende und ausführliche Beschreibung einer „Ausbildung" in der spirituellen Welt. Das Einzige, das vielleicht noch angemerkt werden sollte, ist dass die Aussage, dass die Planung ein „bisschen kompliziert" sei wohl etwas untertrieben ist, zumindest für ein menschliches Gehirn.

Eine Zwischenleben-Sitzung ist eine außergewöhnliche spirituelle Erfahrung. In Kontakt zu stehen mit den weisen und liebevollen Energien der Ältesten, der Guides und unserer Seelengefährten hat eine tiefe Freude bei allen Klienten, die ich begleitet habe, hinterlassen. Das Wissen um den Sinn des Lebens

Planung des nächsten Lebens

im Allgemeinen und die Bedeutung des eigenen Lebens im Besonderen, das Erkennen der eigenen Stärken, Schwächen und Fähigkeiten geben Kraft und eröffnen neue Perspektiven im Leben.

Die Seele erkunden

7

KARMISCH DYNAMISCHE KRÄFTE

Diese Erde ist weder der Anfang
noch das Ende Deiner Existenz.
Sie ist schlicht eine Stufe, ein Klassenzimmer.
Emmanuel, durch das Medium Pat Rodegast.

An dieser Stelle scheint es nützlich, die Aspekte des Karmas aus einigen vorhergehenden Kapiteln zusammenzuführen und sie in Kontext zu setzen. Von besonderer Wichtigkeit ist der Grund, warum wir inkarnieren, und was das für uns in unseren alltäglichen Leben bedeutet.

Lernen, Erfahrung und Wachstum

Die traditionellen Vorstellungen von Karma als Prozess von „Aktion und Reaktion", „Schuldenabbezahlens" oder „Ernte dessen, was man gesät hat" sind einfach Sichtweisen auf einem oberflächlichen Level. Es ist verständlich zu der Schlussfolgerung zu kommen, dass wenn jemand in seinem derzeitigen Leben Gewalt produziert, Gewalt unausweichlich auch auf einen zurückgelenkt wird. Man zieht das auf sich zurück, was man in die Welt in Umlauf gebracht hat. Ebenfalls kann es den Anschein haben, dass eine Seele, die über viele Leben hindurch Muster des Opfer-Seins aufweist, die Schulden für irgendein Fehlverhalten in einem vergangenen Leben abbezahlt. Zwischenleben ermöglichen uns jedoch diese Situationen aus einer anderen und flexibleren Perspektive zu betrachten.

Wir haben bereits gesehen, dass unsere Klienten sich wiederholt auf die Begriffe Lernen, Erfahrung und Wachstum beziehen, und was damit gemeint ist, wird vielleicht am besten durch den Kommentar von Nicola Barnard illustriert:

> Es geht um die unmittelbare Erfahrung und das Lernen das dadurch möglich wird.

Liam Thompsons Problem mit wiederholten Suiziden wurde bereits recht ausführlich besprochen. Er selbst weist darauf hin, dass dies immer noch Teil seines Lern- und Wachstumsprozesses ist, auch wenn es sich um eine Lektion handelt, mit der er zu kämpfen hat. Aus seinem Bericht lässt sich nirgendwo ein Element von Reaktion/Gegenreaktion oder Schuldbegleichung ableiten, die sich aus seiner Abfolge von suizidalen Leben ergeben hätten. Auch sein Guide spricht im Zusammenhang mit diesen Ereignissen nicht von Schuld und Sühne. Er begegnet lediglich ähnlichen Situationen, um herauszufinden, ob er lernen wird, nicht den „einfachen Weg" aus dem Dilemma zu nehmen.

> Er fragt mich gerade, warum ich immer den einfachen Weg aus den Schwierigkeiten nehme. Ich habe ein Problem damit, mich Problemen zu stellen… Ich werde nicht wütend, aber er muss verstehen, dass ich jetzt ein einfacheres Leben benötige.

Karmisch Dynamische Kräfte

Ich habe es satt, diese richtig schwierigen Leben zu leben... Er sagt mir, ich solle aufhören, über diese Dinge so viel nachzudenken. Ich müsse einfach lernen zu leben.

Einige der anderen Klienten waren ebenfalls mit wiederkehrenden Problemen beschäftigt, mit denen sie nicht gut zu Recht kamen. Zum Beispiel enthüllte Liz Kendry am Ende Ihrer Besprechung mit den Ältesten spontan, dass ihr Problem darin bestehe, nach dem Tod ihres Mannes immer einfach aufzugeben:

Es ist jetzt schon dreimal passiert... drei Mal... Es ist jedes Mal mein Ehemann, der stirbt, und dann habe ich das Gefühl, dass es danach kein lebenswertes Leben mehr gibt... Sie werden mir nächstes Mal mehr Hilfe zukommen lassen... Sie werden mich wissen lassen, durch andere Leute oder mein eigenes Bewusstsein, dass wir nicht sterben wenn unsere Körper sterben, damit ich nicht diesen Verlust fühle, wie ich das in vorigen Leben getan habe.

Sie erkannte auch dass sie und ihr enger Seelenverwandter Pläne geschmiedet hatten, um ihr dabei zu helfen, dieses Muster in ihrem gegenwärtigen Leben zu durchbrechen. Tatsächlich hat dieser Seelengefährte in jedem der vergangenen Leben, in denen sie mit diesem Problem konfrontiert war, die Rolle ihres Ehemanns übernommen.

Das letzte Beispiel ist Jack Hammond, dessen Problem die Art und Weise betrifft, wie er andere Menschen behandelt. Inmitten seiner Besprechung mit den Ältesten verrät auch er, dass es sich dabei um eine Lektion handelt, an der er schon über die Dauer mehrerer Leben gearbeitet hat:

Ich spüre, dass es dort, in Ermangelung eines besseren Wortes, eine Art Missbilligung gibt, weil ich bereits mehrere

Gelegenheiten gehabt habe an diesem Problem zu arbeiten, und ich doch immer wieder genauso reagiert habe, wie ich schon zuvor in anderen Leben reagiert hatte. Missbilligung ist aber wahrscheinlich ein zu hartes Wort.

Es gibt keine Hinweise während unserer Studien, dass weniger erfahrene Seelen anders behandelt werden als die erfahreneren, obgleich manche nicht auf die angebotenen Ratschläge hören mögen. Alle Klienten berichteten aber übereinstimmend, dass sie von ihren geistigen Führern und Älteren Hilfe für ihren Lernprozess und ihr geistiges Wachstum bekommen hatten.

Der freie Wille und seine Bedeutung

Dies ist ein geeigneter Zeitpunkt um den freien Willen im Kontext des Lernens zu besprechen. Wir haben gesehen, dass Schlüsselerlebnisse im Lebensplan zwischen Mitgliedern der Seelengruppe besprochen und vereinbart werden können einschließlich der verschiedenen Rollen die sie übernehmen werden. Das beinhaltet auch zuvor vereinbarte Trigger, die uns auf einem unterbewussten Level in unserer menschlichen Existenz dazu bewegen von bestimmten Leuten und Aktivitäten angezogen zu werden. Abschließend wird der Lebensplan mit den Ältesten besprochen, die ihre Weisheit einfließen lassen. Die Lebenspläne anderer Seelen werden natürlich gleichwertig berücksichtigt wenn sich Lebenslinien treffen oder verbinden. Wenn wir dann tatsächlich inkarnieren, können laut Marta Petersen, „geistige Führer ihren Schützlingen Ideen vermitteln und sie ermutigen, sich jederzeit an den Lebensplan zu halten." Verständlicherweise mag es nach dieser Aufzählung so scheinen, als seien unsere Leben vollständig fixiert und vorherbestimmt.

Karmisch Dynamische Kräfte

Allerdings wird auf Seelenebene keiner Seele ein Lebensplan aufgezwungen. Wie Liam Thompson berichtete, werden wir nicht gezwungen, irgendetwas zu tun. Eine Seele kann in der geistigen Welt bleiben anstatt zu inkarnieren und den Lernprozess dort fortsetzen. Wie jedoch Jack Hammond die Reaktion der Seelen auf die Unlust einen Lebensplan zu akzeptieren, kommentiert: „Wir werden schließlich ruhelos und unser geistiger Führer ermutigt uns dazu die Inkarnation zu erwägen, indem er die Vorteile aufzeigt, die sich daraus ergäben." Wir erinnern uns an David Stephens, der sogar abgeneigt war, den Lebensplan zu akzeptieren, der „wie ein Urlaub" nach einer Reihe von „harten Leben" war. Die Ältesten erklärten ihm, dass es helfen würde, „sich selbst besser zu verstehen". Von den anderen Klienten aus dem letzten Kapitel hatten viele verschiedene mögliche Leben mit unterschiedlichen Schwierigkeitsgraden zur Auswahl. Das alles bestätigt die Menge an freiem Willen, die unsere Seelen haben, wenn sie einen Lebensplan akzeptieren.

Natürlich denkt unser Bewusstsein während unserer menschlichen Existenz gerne, dass wir freien Willen über alles haben. In vieler Hinsicht stimmt es auch, aber Zwischenleben-Berichte zeigen, dass Schlüsselereignisse in unserem Lebensplan mit großer Wahrscheinlichkeit auch geschehen werden. Wie Liz Kendry berichtet: „Es wird Anlässe geben, wie etwa Beziehungen, die ich während dieses Lebens haben werde, die ein Test für mich sind und die nicht gut sein werden. Anstatt an ihnen hängen zu bleiben und die emotionale Verletzung, die mit ihnen einhergeht, anzunehmen, muss ich laut und deutlich für mich einstehen." Wir haben einen freien Willen, um auf unseren Lebensplan reagieren zu können, um entweder unser Leiden zu verlängern, oder den Lernprozess zu vervollständigen. „Es wird unterwegs viele Tests geben, bis ich es endlich kapiere", sagte Liz.

Die Seele erkunden

Lektionen für Emotionen und spezielle Fähigkeiten

Es scheint, grob gesagt, zwei immer vorhandene Lektionen des Lernens zu geben, an denen eine Seele unter anderem arbeitet, an beiden sowohl als Individuum als auch in Gruppen. Die erste ist das Entwickeln einer speziellen Fähigkeit, wie etwa ein Heiler, Lehrer oder geistiger Führer zu werden. Die zweite ist das vollständige Verstehen von emotionalen Fähigkeiten, das bedeutet das Erleben aller Facetten verschiedenster Emotionen von allen möglichen Seiten.

Es gibt eine Anzahl an Emotionen, die sehr wichtig zu sein scheinen, wie etwa Verantwortung zu übernehmen, geliebt zu werden, Macht zu haben und ein Opfer zu sein. Diese Emotionen werden immer wieder neu erfahren. Im Rahmen dieser Erfahrungen kann beispielsweise eine Seele in einem Leben die Emotion Zorn gebrauchen lernen und mit ihr in vielfältiger Verbindung stehen. In einem anderen Leben ist dann möglicherweise der Zorn von anderen auf sie gerichtet. Es dauert oft lange bis alle Aspekte der einzelnen Emotionen aus allen möglichen verschiedenen Perspektiven erfahren wurden und die Lektion verstanden ist.

Keiner der Pioniere bespricht den Unterschied dieser beiden oben erwähnten groben Formen des Lernens speziell. Es könnte angenommen werden, dass weniger erfahrene Seelen nur an emotionalen Aufgaben arbeiten, während die reiferen eher an speziellen Fähigkeiten arbeiten. Eine genaue Betrachtung der Fakten, die unsere Studie und andere Fälle bieten, deutet aber darauf hin, dass diese Annahme falsch wäre, da die meisten der Seelen für dieses Buch sich zeitgleich mit beiden Themen befassten und auch scheinbar unerfahrenere Seelen bereits Spezialisierungen kennen lernen.

Karmisch Dynamische Kräfte

Die drei zur Auswahl stehenden Leben von Veronica Perry sind u.a. ein gutes Beispiel um unsere Vermutung zu bestätigen. Eine ihrer Optionen ist in Energieform zu bleiben um an der die Erde umgebenden Energiematrix mit zu arbeiten:

> „Das bedeutet, weiterhin Energien zu channeln, aber in Geistform und oberhalb der Erde. Es wird mir gezeigt, es sieht aus wie ein Gitternetz. Ein Gitter, in dem jeder Punkt des Netzes ein Lichtwesen ist. Sie sind alle miteinander verbunden und kombinieren ihre Energie um sie stärker zu machen, und ich kann hingehen und mich ihnen anschließen."

Diese Arbeit dürfte eher einer speziellen Fähigkeit entsprechen als eine emotionale Lektion darstellen. Eine weitere Option, die sie hatte, war es jedoch die Arbeit an der emotionalen Lektion der Geduld fortzuführen, was deutlich zeigt, dass die beiden Themen sich zumindest überschneiden:

> „Die zweite Möglichkeit wäre dass ich meinen Lernprozess bezüglich Geduld fortsetzen kann. Ich bekomme nicht allzu viel Information über dieses Leben, da es eines ist, in dem ich viel zu lernen habe."

Marta Petersen, die nach einem Leben als ermordete Jüdin im 2. Weltkrieg zurückkehrt, scheint eine ähnliche Mischung von Möglichkeiten zu besitzen. Als sie ihre derzeitigen Lebensauswahlmöglichkeiten bedenkt, findet sie noch viele Aufgaben, an denen sie arbeiten möchte, einschließlich „besser in emotionaler Kontrolle zu werden". Dennoch finden wir sie wenig später in einem Klassenzimmer mit acht Schülern wieder und sie scheint zu üben um selbst ein Lehrer zu werden:

> „Ich arbeite gerne so, dass ich über ein Erlebnis spreche dass ich selbst in einem meiner Leben hatte, und meine

Erfahrungen damit mit den Schülern bespreche. Sie nehmen dann Stellung, was sie in dieser Situation gemacht hätten, und wir sprechen über Wahlmöglichkeiten usw."

Auch bei Liam Thompson finden wir beide Themen in Bearbeitung. Einerseits laboriert er bereits über viele Leben an einem wiederkehrenden Suizid-Problem, befindet sich aber andererseits mit seiner Gruppe in Ausbildung zum Heiler und scheint eine Ausbildung zum Guide anzustreben, also zwei sehr spezielle Fähigkeiten zu lernen. Er sagt über seine Gruppe:

"Sie sind alle Heiler. Ich bin Teil dieser Gruppe. Wir erschaffen Dinge indem wir mit spezieller Energie arbeiten. "

Die Probandin der Studie, die am meisten Licht auf die Vermischung von emotionalen und speziellen Fähigkeiten wirft, ist Wendy Simpson, die im vergangenen Leben ein alter Mann in der Wüste war. Eine der persönlichen Aufgaben, an der sie über mehrere Leben hinweg gearbeitet hat, ist wie sie mit anderen umgeht. Nach ihrer Besprechung mit den Ältesten und trotz ihres minimalen Vorwissens über das Zwischenleben beschreibt sie, wie sie sich mit ihrer Gruppe wiedervereint. Hier erzählt sie von den speziellen Fähigkeiten, an denen sie gemeinsam arbeiten:

„Abgesehen von den Lektionen, die wir bearbeiten, hat diese Gruppe noch mit anderen Dingen zu tun. Es geht um Kommunikation. Wir arbeiten mit Lichtenergien, und benutzen Klang und Vibration. In unseren physischen Leben versuchen wir alle, anderen Menschen zu helfen, z.B. mit Kräutern, Ölen, Heilkunst, und sogar einfach nur damit, von Ort zu Ort zu gehen und mit ihnen zu reden."

Damit ist klar, dass Wendys gesamte Gruppe zur selben Zeit an emotionalen Aufgaben wie an speziellen Fähigkeiten arbeitet.

Karmisch Dynamische Kräfte

ALTRUISTISCHE LEBEN

Sowohl Newton als auch Cannon benutzen den Ausdruck „Unterstützer-Leben" wenn ein Klient über ein Leben spricht, das er lebte, das nicht notwendig für sein eigenes Lernen ist. Diese Leben sind normalerweise von ziemlich kurzer Dauer und ihr vordringliches Ziel ist es, nicht der eigenen, sondern der karmischen Entwicklung einer anderen Seele zu assistieren. Eine weitere zutreffende Beschreibung für diese Leben ist sie als altruistische Leben zu bezeichnen.

Ein gutes Beispiel für ein altruistisches Leben stammt von Marta Petersen, die in ein vergangenes Leben als junges, jüdisches Mädchen ins Warschau während des 2. Weltkriegs zurückversetzt wurde. Als deutsche Soldaten kommen, um ihre Eltern zu holen, besteht ihr Vater drauf, dass sie bleiben und sich verstecken soll. Sie folgt ihm, wird aber nach einigen Tagen entdeckt und landet im gleichen Zug wie ihre Eltern. Sie wird in die Gaskammern gebracht und stirbt in den Armen ihrer Mutter. In der Besprechung mit ihrem geistigen Führer erfahren wir verblüffender Weise, dass für ihre Seelen-Perspektive dieses augenscheinlich tragische Leben nicht sonderlich kompliziert war:

Wir haben nicht viel zu besprechen, weil dieses Leben sehr kurz war und ich eigentlich hauptsächlich wegen einer anderen Person da war. Ich habe nur gemacht, was ich tun sollte.
Was war das?
Ich sollte Tina [ihre Mutter in dem Leben] assistieren.
Und wie hast du ihr assistiert?
Sie hat ein Problem damit, ihre eigene Energie zu harmonisieren und wird dadurch ständig von anderen dabei gestört. Ich war da um sie daran zu erinnern ihre Energie zu fokussieren, und um zum Zeitpunkt unseres Todes bei ihr zu

sein. Wenn sie mich anschaute und mir in die Augen sah fühlte sie meine Energie, die sie daran erinnerte ihre eigene Energie zu harmonisieren.
Was das etwas, dass ihr im Voraus ausgearbeitet hattet?
Ja, und die Klavier-Harmonien haben ihr auch geholfen. Wir arbeiten viel mit musikalischen Harmonien.
Welche Dinge besprecht ihr noch?
Ob ich ihr genug assistiert habe und ob ich bessere Arbeit hätte leiten können. Ich fühle mich sehr befriedigt und ich denke er [geistiger Führer] ist es ebenfalls. Hm. Er sagt, dass ich den Wunsch meines Vaters hätte ignorieren und mich nicht hätte verstecken können, und damit früher mit meinen Eltern ins Konzentrationslager hätte gehen können. Er fragt mich warum ich mich dazu entschlossen hatte zurückzubleiben.
Was sagst du?
Ich wollte ihr die Möglichkeit geben sich selbst zu harmonisieren, und es fühlte sich richtig an das zu tun. Natürlich war ich mir dessen nicht bewusst, als ich inkarniert war, aber etwas sagte mir, dass ich mich verstecken sollte und nicht mit ihr gehen sollte.
Was sagt denn dein Guide dazu?
Er sagt, es sei eine interessante Wahl gewesen.

Martas Erklärung dass sie „wegen einer anderen Person" in diesem vergangenen Leben war, ist von grundlegender Bedeutung um zu verstehen, dass dies ein vorwiegend altruistisches Leben war im Gegensatz zu einem Leben, das für ihren eigenen Lernprozess gedacht ist.

8

VORBEREITUNG ZUR INKARNATION

Unsre Geburt ist bloß ein Schlaf und ein Vergessen.
Die Seele, die sich mit uns erhebt, unsres Lebens Stern,
hat anderswo ihr Zuhause
und kommt von weit her.
William Wordsworth.

Die Auswahl der Energien, Gefühle und Stärken

Newton ist der einzige der Pioniere, der die Vorstellung, dass wir einen Teil unserer Seelenenergie in der geistigen Welt zurücklassen wenn wir inkarnieren, angemessen diskutiert. Ein Punkt, den er dabei hervorhebt, ist, dass die Seele als energetisches Wesen in jedem Teil ihrer selbst die vollständige Erfahrung des Ganzen beinhaltet. Auf gewisse Weise ähnele sie einem Hologramm. Ferner vermutet er, dass die erfahreneren Seelen weniger Energie in die Inkarnation einbringen müssen, da ihre Energie im Allgemeinen „konzentrierter" oder „potenter" ist. Er postuliert, dass unerfahrenere Seelen zwischen 50 und 70 Prozent benötigen, während eine erfahrenere Seele manchmal nur 25 Prozent einbringen müsste. Er zeigt auch, dass diese Menge nicht automatisch rückwirkend „aufgestockt" werden kann, sobald die Seele einmal inkarniert ist, dass manchmal jedoch Hilfe möglich ist, die die mitgebrachte Energie verbessert.

Insgesamt scheinen die Klienten Newtons Forschungen weitgehend zu untermauern. Die Menge an Energie, die in eine Inkarnation gebracht wird, ist ein Kompromiss. Wenn zu viel davon mitgebracht wird, würde die Seelenperspektive das menschliche Nervensystem schlicht überwältigen, und das könnte dazu führen, dass die Person sich nicht voll auf die menschliche Erfahrung einlässt. Wenn andererseits für ein schwieriges Leben zu wenig mitheruntergebracht wird, besteht das Risiko eines Scheiterns des Lebensplanes.

Allerdings werden wir später selbst noch sehen dass Seelen manchmal in der Lage sind, etwas von der Energie ihres höheren Selbst, ihrer Seelengruppe oder ihrer geistlichen Lehrer im Falle einer Krise in Anspruch zu nehmen.

Weniger erfahrenen Seelen werden recht regelmäßig die Menge an Energie, die sie für eine Inkarnation benötigen, unterschätzen, und in ihrer Wahl manchmal sogar den Rat ihrer Älteren ignorieren. Warum sollte das passieren? Eine Ursache ist, dass die Seele oben erheblich aktiver bleiben kann je höher der zurückgelassene Energie-Level ist. Sie kann nicht nur fortfahren, mit den anderen Mitgliedern ihrer Gruppe zu verkehren, sondern auch, wenn die Energie hoch genug ist, mit verschiedenen anderen Aspekten des Lernens und Erfahrens in der geistigen Heimat fortfahren, und damit die Seelenentwicklung beschleunigen.

Es gibt jedoch einen weiteren Aspekt, den keiner der früheren Pioniere aufgezeigt hat: Seelen können unter anderem die Intensität und verschiedene Aspekte spezifischer Emotionen auswählen, mit denen sie zuvor bereits gearbeitet hatten und wenn sie dies beabsichtigen diese Emotionen oder Teile davon wieder mit in die neue Inkarnation bringen. Sie können auch mitentscheiden bestimmte Stärken aus vergangenen Leben mit zu

Vorbereitung zur Inkarnation

nehmen, die ihnen bei der Bewältigung bestimmter Prüfungen helfen können. Die verschiedenen Energie-Level und spezifischen Emotionen und Stärken vergangener Leben kommen alle in einem komplexen Wechselspiel zusammen. Manchmal berichten Klienten auch, dass alles für sie bereits als „Pauschalangebot" ausgearbeitet wurde. Wenn sie aber an der Auswahl der Möglichkeiten beteiligt werden, besprechen sie üblicherweise ihre Optionen mit ihrem Guide, bevor die Älteren die Auswahl begutachten.

Nach Beratungen mit seinen Ältesten berichtet Liam Thompson, dass er 75% seiner Seelenenergie in die Inkarnation mitnehmen wird. Wenn man davon ausgeht, dass er eine halbwegs erfahrene Seele ist, da er sich beinahe auf dem Niveau eines Guides befindet, zeigt diese Entscheidung wie viel Hilfe nötig ist, um sein derzeitiges, repetitives Suizid-Muster zu durchbrechen:

Wie wird dir das in diesem Leben helfen?
Es wird mir helfen, meine Intuition richtig zu erkennen und zu verstehen. Mir helfen mehr Stärke und Durchhaltevermögen zu erlangen. Mein Guide wird für mich da sein, um zu helfen. Ich muss ruhig bleiben und zentriert und die Wahrnehmung wird besser werden.

Er kann auch erkennen welche Emotionen er in dieses Leben mitnehmen möchte und welche davon für ihn von anderen bestimmt worden sind:

Gibt es irgendwelche negativen Emotionen, die du von vergangenen Leben übernimmst?
Wut.
Und wie viel Prozent nimmst du mit?
Nur eine kleine Menge. Sie ist unter der Oberfläche. Etwas, an dem gearbeitet werden sollte.

Gibt es irgendwelche anderen negativen Emotionen, die du mitnimmst?
Neid. Das stammt aus einer Reihe von Leben.
In deinem letzten Leben hattest du reichlich Feindseligkeit, die Du bearbeiten wolltest. Nimmst du etwas davon mit in dieses Leben?
Hmm. Nicht wirklich, denn meine Mama und mein Papa in diesem Leben sind nicht meine Mama und mein Papa aus dem vorigen.
Hattest du ein Mitspracherecht bezüglich der negativen Gefühle, die du dieses Mal bearbeiten wirst?
Nein, diese hier wurden für mich ausgewählt. An denen muss ich arbeiten.

Jack Hammond ist durch das aktive Maori-Gen ebenfalls mit einem schwierigeren Leben konfrontiert, das ihn aber auch dazu befähigen soll sein wiederholtes Problem des Einzelgänger-Seins zu überwinden. Zuvor hatte er Ratschläge, die ihm gegeben wurden, ignoriert, und nicht genügend Seelenenergie mitgenommen. Daher ist es keine Überraschung, wenn er einen großen Teil seiner Seelenenergie, etwa 80%, mitnimmt. Er berichtet außerdem, dass die 20% seiner Seelenenergie, die in der geistigen Heimat zurückbleiben, dennoch einigermaßen aktiv sein werden. Das reicht soweit, dass er in der Lage ist, das Kompliment des Streichs, den seine Seelenkameraden ihm bei seiner Rückkehr spielen, zu erwidern:

Ich habe letztes Mal nicht genug mitgenommen.
War das deine Entscheidung?
Es war meine Entscheidung, und ich war zuvor schon überheblich gewesen. Vielleicht dachte ich, ich sei mehr erleuchtet als ich war.
Bei welchem Prozentsatz hast du letztendlich eingewilligt, ihn mit herunter zu nehmen?

Vorbereitung zur Inkarnation

Achtzig Prozent.
Und was denkt Garth darüber?
Er nickt mit dem Kopf.
Was werden die zwanzig Prozent, die zurückbleiben, tun?
Ich werde Teil des Empfangskomitees, oder der Begrüßungsgruppe, und dafür zuständig sein, zurückkehrende Leute zu treffen, [lacht] und Streiche zu spielen! Hm, aber es müssen auch Lernaufgaben erledigt werden. Zwanzig Prozent ist stark genug zum Lernen.
Was wirst du also tun?
Forschung, aber es könnte ziemlich einfach gehaltenes Zeug sein.

Auch Liz Kendry muss einen Kreislauf des Scheiterns an einem Problem durchbrechen, in ihrem Fall die Abhängigkeit von ihrem Seelenpartner Charles und den Verlust der Lebensfreude nach seinem Tod. Nach detaillierten Besprechungen mit ihrem Guide akzeptiert sie den Ratschlag ihrer Älteren. Sie wird die Intensität bestimmter Emotionen, an denen sie arbeitet wie Traurigkeit und Einsamkeit leicht erhöhen, da sie dieses Mal besser vorbereitet sein wird mit ihnen umzugehen. Allerdings gehört dazu auch der Rat, dass die sie Seelenenergie, die sie mitnehmen sollte von 75 auf 80% erhöht. Sie bietet ebenfalls einen exzellenten Überblick darüber, warum die Älteren in einer eher besseren Position sind, über die Energie, die sie benötigen wird, zu urteilen:

> Was ich nicht vollständig kenne, sind die anderen Leben, die mit meinem Leben interagieren werden... Sie haben den Blick für das Ganze. Sie sehen die Interaktionen anderer Seelen mit meiner und die anderen Herausforderungen, denen ich begegnen könnte, und die Entscheidungen, die ich zu treffen habe. Sie wissen auch dass ich, wenn ich eine Alternative der anderen vorziehe, und mich meine Entscheidung deshalb auf einen anderen Pfad führt, mehr Energie für diesen neuen Weg benötigen könnte.

Liz kann auch wahrnehmen dass die in der geistigen Welt zurückbleibenden 20% ihrer Energie fortfahren können zu lernen, zumindest auf bescheidene Weise:

> Ich kann immer noch an einigen der Emotionen und einigen der Lektionen, die ich zu lernen habe, mit den 20 % die hier bleiben arbeiten. Sie werden nicht so entscheidend und wichtig sein wie die, die ich auf der Erde zu lernen habe, dazu reicht die Energie nicht, aber ich wähle einige der weniger anstrengenden aus, um sie mir näher anzuschauen.

Angesicht ihrer Beschreibung ihrer Seelengruppe, die mit der Energiematrix arbeitet, die die Erde umgibt, kann angenommen werden, dass Laura Harper eine ziemlich erfahrene Seele sein könnte, die einen relativ niedrigen Prozentsatz ihrer Energie für die neue Inkarnation benötigt, und so ist es auch. Auch sie beginnt den Selektions-Prozess mit einer detaillierten Besprechung mit ihrem Guide. Es wird schnell klar, dass es einen Mittelweg gibt zwischen ihrem Versuch ihre emotionale Lernaufgabe während der Inkarnation zu vervollständigen und zur selben Zeit reichlich Seelenenergie zurückzulassen, um ihre Energie-Arbeit in der geistigen Welt fortzusetzen:

> Besprecht ihr, welchen Prozentsatz an zu bearbeitenden Emotionen aus vergangenen Leben du mitnehmen wirst?
> *Ja. Ich fühle sehr deutlich dass ich mehr mitnehmen werde als sie empfiehlt.*
> Wie viel wirst du mitnehmen?
> *Unvollendete Emotionen? Ich werde fast alles davon nehmen. Fünfundneunzig Prozent.*
> Was sagt dein Guide dazu?
> *Sie schüttelt ihren Kopf. Sie sagt, dass es sehr herausfordernd sein wird, aber sie sagt, dass sie helfen, und nah bei mir bleiben wird.*

Vorbereitung zur Inkarnation

Wenn du diese fünfundneunzig Prozent mitnimmst - bedeutet das, dass du all diese Emotionen im Laufe dieses Lebens aus dem Weg räumen möchtest?
Dazu bin ich fest entschlossen. Ich fühle mich, als hätte ich sie mit mir herumgeschleppt wie eine große Kugel um mein Bein und es ist Zeit mich selbst von ihnen zu befreien.
Habt ihr auch ein Gespräch über den Level an Seelenenergie, den du mit herunter nehmen wirst?
Mm, ja. Ich weiß nicht wieso. Warum will ich bloß so wenig nehmen?
Wie viel nimmst du denn mit runter?
Fünfunddreißig Prozent.
Was sagt dein Guide dazu?
Sie sagt, dass ich verrückt bin.
Resultiert daraus ein sehr schwieriges Leben?
Sie schüttelt ihren Kopf ein bisschen, wie „Du meine Güte!"
Welche Zahl schlägt sie vor?
Sie denkt, dass ich sechzig mitnehmen sollte.
Und was ist deine endgültige Entscheidung?
Ich frag mich einfach selbst warum ich so wenig mitnehmen möchte. Die Antwort lautet: weil ich so viel mehr tun möchte. Ich möchte so viel mehr über diese Licht-Transmission hier oben lernen. Ich habe Lust, so viel zu versuchen. Ich habe mich entschieden, dass ich es auf fünfundvierzig aufstocken kann.

Dann bringt sie in Erfahrung, was ihre Älteren, die sie „die Weisen" nennt, von ihrer Wahl halten:

Sie erinnern mich daran, dass ich viel länger brauchen werde, an meinen Emotionen zu arbeiten, wenn ich so wenig Energie mitnehme. Sie verstehen wirklich was ich machen will, nämlich auf beiden Ebenen hart zu arbeiten. Sie erinnern mich auch an Sanftmut, und Leichtigkeit, und Erholung. Sie erinnern mich auch an all die Hilfe, die sie und Iscanara mir zukommen lassen wenn ich das möchte.

Wenn wir uns nun Stärken aus vergangenen Leben zuwenden gibt uns Katja Eisler ein gutes Beispiel. Sie hatte sich entschieden 70 Prozent Seelenenergie mitzunehmen weil es sich richtig anfühlte. Außerdem berichtet sie, dass sie zusätzlich eine Art Soldaten-Bewusstsein mitnimmt, um sich zu beschützen:

Welche Emotionen bringst du aus vergangenen Leben mit?
Eine Neigung zur Gewalt, und zum Kämpfen.
Welchen Prozentsatz dieser Emotionen nimmst du mit runter?
Vierzig Prozent.
Zu welchem Zweck?
Um mich zu beschützen, wie eine Art Soldaten-Bewusstsein. Es handelt sich nicht um Gewalt. Es ist mehr eine Kraft, eine vorwärts-bewegende Kraft. Sie ist aktiv und strategieorientiert, zielorientiert begleitet von einer sehr hohen Wachsamkeit.

Veronica Perry erläutert verschiedene Faktoren, die mit ihrem traumatischen, vergangenen Leben als Waise abgewogen werden müssen:

Irgendwie bin ich dabei, zu verhandeln. Ich spüre, dass ich so viel Energie wie möglich mitnehmen möchte, weil ich glaube, dass ich sie brauchen werde.
An welche Zahl denkst du?
Ich möchte neunzig Prozent nehmen.
Und was sagen dir die Älteren dazu?
Sie sind nicht glücklich damit.
Was schlagen sie vor?
Sie fühlen, dass wenn ich diese Menge an Energie mitnehme, würde ich keine Schwäche fühlen können und das sollte ich.

Vorbereitung zur Inkarnation

Wärst du in der Lage, irgendwelche Aktivitäten in der geistigen Welt fortzuführen wenn Du 90 % mitnimmst?
Nein, ich wäre ziemlich geschwächt.
Welche Zahl schlagen die Älteren vor?
Sie schlagen fünfzig Prozent vor.
Und für welche Zahl entscheidest du dich letztendlich?
Fünfundfünfzig Prozent.

In Anbetracht der Beschaffenheit des vergangenen Lebens, mit dem sie konfrontiert werden wird, mag es seltsam erscheinen, dass sie Älteren keine höhere Zahl empfehlen. Veronicas Erklärung dafür ist folgende:

Unsere Gruppe benötigt eine bestimmte Menge an Energie, die in der geistigen Welt zurückbleibt und durch sie genährt wird, damit von jedem Mitglied bei Bedarf aus ihr geschöpft werden kann. Manchmal wird sich diese Energie als geistiger Helfer oder Guide manifestieren, und manchmal durch Auffrischen von etwas Energie abgerufen.

Das ist ein wichtiger Punkt, der von anderen nicht diskutiert wird. Sogar nachdem die Seelenenergie für die Inkarnation geteilt wurde, kann der Lebensplan eine Art Notfall-Aufstockung vorsehen. Er veranschaulicht auch, wie die Älteren in einer besseren Position zur Beurteilung der Aufteilung von Seelenenergie sind, in dem sie auch die nicht bekannten Aspekte der neuen Inkarnation mit in Betracht ziehen, so wie etwa die Bedürfnisse der Seelengruppe. Veronica weist auch darauf hin, dass die individuelle Verbindung ebenfalls wichtig ist:

Ich werde in diesem Leben nicht der Lage sein zu meditieren, aber während ich schlafe und träume wird meine Seelenenergie in der Lage sein, mit meinem Unterbewusstsein zu kommunizieren, wie in jedem anderen Leben. Sie wird in der Lage sein, mich an den Frieden und die Liebe zu erinnern, sodass ich mit jenem Leben fortfahren kann bis zu seinem vorgesehenen Ende.

Veronica hat ein schwieriges Leben als Waise vor sich, dem sie aus eher altruistischen Gründen denn für ihren eigenen Lernfortschritt zugestimmt hat. Daher ist es verständlich, dass sie zusätzliche Hilfe angeboten bekommt. Im weiteren Lauf der Schilderung stellt sich außerdem heraus, dass sie keine negativen Emotionen als zusätzliche Aufgabe mitnimmt, sondern nur die Stärken von Frieden und Liebe aus einem vorigen Leben:

> Es wird ein sehr kurzes Leben sein. Mir wird positive Energie aus vergangenen Leben zum Mitnehmen angeboten.
> *Welche Energie kannst du mitnehmen?*
> Inneren Frieden aus dem letzten Leben.
> *Welchen Prozentsatz kannst du mit hinunter nehmen?*
> Ich kann alles davon mitbringen.
> *Gibt es noch irgendeine andere positive Energie, die du mitnehmen kannst?*
> Auch die Liebe, die ich in jenem Leben gefühlt habe.
> *Welchen Prozentsatz kannst du nehmen?*
> Ich kann so viel nehmen wie ich will.
> *An welche Zahl denkst du?*
> Ich möchte etwas davon zurücklassen, damit es geteilt werden kann. Um mit meiner Gruppe zu teilen, aber ich möchte die Hälfte davon mit mir nehmen, weil ich meinen inneren Frieden habe.
> *Wirst du irgendeine unvollendete negative Energie mitnehmen?*
> Nein. Es wird schon anstrengend genug werden.

Vorbereitung zur Inkarnation

Letzte Vorbereitungen und Schichten anlegen

Die Klienten sind nun soweit, sich auf ihre Reise zurück in die duale, stoffliche Welt einzulassen. Katja Eisler beschreibt die Erfahrung wie „einen langen Tunnel, der am Ende immer dunkler wird." Jack Hammond berichtet Folgendes:

> Das Wort „Rutschbahn" kommt mir in den Sinn, aber nicht wie irgendeine Rutsche, die ich kenne. Wenn ich bildhaft beschreibe, ist es als ob ich irgendwie platziert werde und raketengleich losschieße.

Liam Thompson spürt ebenfalls, dass seine Rückkehr extrem schnell ist:

> Ich gehe zu einer Art Entspannungsraum. Nicht so sehr um mich zu beruhigen, ich muss warten bis die Zeit wieder hinunter zu gehen die richtige ist. Es ist eine Art Ort, an dem ich alleine mit meinen Gedanken sein kann, bevor ich bereit zu gehen bin … Dann geht alles ganz schnell und ich bin da. Es ist beinahe von einem Moment auf den anderen geschehen.

Die detailliertesten Berichte kommen von drei der Klienten mit dem geringsten Vorwissen über LZL. Veronica Perry beginnt mit der Beschreibung, wie sie in einer Art Wartezimmer:

> Ich verbringe dieses Mal nicht viel Zeit hier. Ich werde wieder inkarnieren.
> *Wie funktioniert das?*
> Mein Guide holt mich ab und wir gehen in einen anderen Raum.
> *Beschreibe einfach diesen Raum.*

> Es ist ähnlich wie ein Wartezimmer. Ein kreisrunder Raum. Das beste Wort, das mir zur Beschreibung einfällt ist wie ein... es ist beinahe wie ein Flughafen. Es ist als ob es dort viele verschiedene Schleusen oder Öffnungen zum Durchgehen gibt.
> *Woher weißt Du wohin Du gehen musst?*
> Mein Guide zeigt es mir. Einige andere aus meiner Seelengruppe sind ebenfalls hier. Ich gehe auf die linke Seite des Raums. Einige aus meiner Seelengruppe inkarnieren ebenfalls. Ich denke, wir werden in diesem Leben einige Arbeit gemeinsam erledigen.
> *Woher weißt du, wann es Zeit ist diesen Raum zu verlassen und den Inkarnationsprozess zu starten?*
> Wir alle verlassen den Raum zusammen. Obwohl einige aus meiner Seelengruppe körperlich vor mir geboren werden, brechen wir alle zur selben Zeit auf. Zeit ist hier kein Thema. Wir werden trotzdem alle zur angemessenen Zeit ankommen, um unsere Leben auf der Erde zu starten.

Die Aussage dass die Zeit zu der sie alle aufbrechen kein Thema ist, sollte genauer erklärt werden. Zeit hat nicht die gleiche Bedeutung in der geistigen Welt wie in unseren körperlichen Leben. Ohne die Einschränkungen eines physischen Körpers der verfällt, kann sich Seelenenergie in der geistigen Welt zu jeder Phase einer Erdzeit hin bewegen ohne, dass Zeit tatsächlich verstreicht. Wenngleich die Vorstellung für uns Inkarnierte schwierig sein mag, so erklärt die „Zeitlosigkeit" in der geistigen Welt auch offensichtliche Widersprüche, die sich ergeben können, wenn unterschiedlichen Inkarnationskonstellationen mit Familie und Freunden Generationen überspannen.

Ein anderer, wichtiger Teil dieses Prozesses ist es Emotionen und Erfahrungen auch aus vergangenen Leben zu übernehmen, wenn diese für die neue Inkarnation gebraucht werden. Der

Vorbereitung zur Inkarnation

Name, den wir diesem Prozess gegeben haben ist „Schichten-anlegen" und es handelt sich dabei um einen Aspekt, der von keinem der Interlife-Pioniere erwähnt wurde. Der Prozess ist das Gegenteil von „Schichten-ablegen", welcher als Teil der Heilung vor Eintritt in die geistige Welt besprochen wurde.

Veronicas Beschreibung, wie sie sich durch die verschiedenen Schichten bewegt, um die Emotionen und Erfahrungen vergangener Leben aufzunehmen, die sie bei ihrer Abreise brauchen wird, hilft dabei zu verstehen worum es sich beim „Schichten-anlegen" handelt. Ihre Schilderung, dass sie leichter und heller während dieses Prozesses wird scheint das Gegenteil dessen zu sein, was wir erwarten würden, aber es ist ihre Art, den Prozess des „Anlegens" der benötigten Energien zu beschreiben. Am Ende schildert sie die Erfahrung der Aufteilung ihrer Seelenenergie:

Erzähl mir was du zwischen dem Aufbruch mit deiner Gruppe und dem tatsächlichen Verschmelzen mit dem physischen Körper erlebst?
Ich spüre, dass meine Seele sich durch unterschiedliche Schichten und unterschiedliche Zustände von Energien hindurch arbeitet, um diese verschiedenartigen Energien aufzunehmen die ich in die neue Inkarnation mitnehmen werde. Ich sauge sie regelrecht in mich ein, während ich mich durch die verschiedenen Schichten bewege.
OK, beschreib einfach detailliert wie das funktioniert und was du erlebst?
Alle Ressourcen, die für mich verfügbar sind, sind da und ich dehne meine Energie aus, um sie zu umschließen und ich mich hineinzuziehen und jede Ressource, die ich einsauge sorgt dafür, dass ich mich leichter und heller fühle.
Wie weißt du, welche Ressource Du aufnehmen sollst?

Es passiert einfach. Ich vermute, es ist ein intuitives Aufnehmen. Sie werden mir zur Verfügung gestellt; ich muss nicht aktiv vorgehen und sie bewusst aufnehmen. Sie sind einfach verfügbar, und ich kann mich einfach ausdehnen und sie in mich hinein bringen.
Hast du deine Seelenenergie eigentlich schon geteilt?
Nein.
Geh zu dem Punkt und beschreibe, wie es passiert?
Ich kann es an diesem Punkt von zwei verschiedenen Blickwinkeln spüren. Der Teil von mir, der inkarnieren wird, zieht sich gewissermaßen von meiner vollständigen Seelenenergie zurück, und wird von dem Teil, der zurück bleiben wird, freigegeben. Ich kann mich selbst spüren als Seelenenergie, die den anderen Teil freigibt und die ihn Richtung Inkarnation stößt. Ich kann aber auch spüren, wie die Seelenenergie, die das neue Leben auf sich nimmt, vom Rest meiner Seelenenergie nach vorne gestoßen wird. Es fühlt sich sehr ruhig und sehr akzeptierend an.
Veronica ist nicht allein, wenn es um die Beschreibung des Prozesses des „Schichten-anlegens" geht, auch Wendy Simpson beschreibt den Vorgang:

Ich bekomme das Gefühl, als ob ich vor der Rückkehr irgendwo anders hingehe. Da gibt es einen Ort an dem die Energie-Form der Leute sich zurückverwandelt in die normale, körperliche Form... Es sind andere Seelen hier... Wir alle müssen zurückkommen... Es fühlt sich an, also ob mir ein Mantel angelegt wird. Ich verabschiede mich, obwohl ich weiß dass es nicht für immer sein wird.

Nicola Barnard geht noch mehr ins Detail was das Anlegen der Schichten für die neue Inkarnation angeht, sie beschreibt diesen Vorgang sehr eindrücklich:

Vorbereitung zur Inkarnation

Sag mir, was als nächstes passiert?
Ich muss all diese Schichten anlegen. Es ist als ob man sich anziehen muss.
Wie kann ich mir das vorstellen?
Jede Schicht fühlt sich wie eine subtile Energie an. An ihnen ist nichts Solides oder Materielles, einzeln sind sie beinahe transparent, aber zusammengenommen erwecken sie den Eindruck des Materiellen.
Woher bekommst du diese Energie?
Es ist so als ob die Schichten in der Luft hängen und ich kann noch eine haben und noch eine und mit jeder neuen Schicht bekomme ich mehr und mehr ein Gefühl dafür, wer ich bin.
Wird diese Energie für dich neu geschaffen?
Das weiß ich nicht, denn sie sind bereits da. Es fühlt sich an wie ein Anzug. Ich erlebe einige Änderungen an mir selbst, so als ob ich nicht mehr leicht bin. Einiges davon ist nicht sehr hilfreich, oder angenehm. Es ist ein bisschen so als ob man nasse Kleidung anzieht. Es ist die komische Schicht, mit der ich mich nicht wirklich wohl fühle, aber ich habe sie halt akzeptiert.
Was geschieht jetzt mit dir?
Ich bin mitten im Prozess dieses Zeug anzuziehen. Das fühlt sich an wie Gaze-ähnliches Material, das durch meinen Energiekörper geht, und das für sich allein genommen gar nichts tun würde, aber in Verbindung mit den anderen Schichten fängt es an diese neue Persönlichkeit zu erschaffen, das dann das Wesen ergänzt, in das ich hinein komme. Es fühlt sich so an als ob meine Energie ziemlich dicht sein muss, um inkarnieren zu können, und dass es eine ganze Menge dieser Schichten geben muss um das auch zu erreichen.

Die Seele erkunden

Verschmelzung mit dem Körper

Es wird oft berichtet, dass Seelen zum Zeitpunkt der Geburt die harte Wirklichkeit der Rückkehr ins Körperliche fühlen, und dass sie, während sie in der Gebärmutter sind, beschützter sind. Trotz einer gewissen, anfänglichen Widerwilligkeit in das Baby einzudringen, sind hier die Eindrücke, die Nicole Barnard vermittelt, während sie ihre zukünftigen Eltern beobachtet:

Ich will wirklich nicht gehen.
Wo genau bist du denn im Moment?
Ich bin noch oben, und bin mir nicht ganz sicher. Ich hab das so gewählt, aber [großes Seufzen] ich habe einen Job zu erledigen.
Was passiert als nächstes?
Sie wollen noch ein Baby. Es gibt eine Art Vereinbarung für mich, dort zu sein. Ungefähr zur Zeit der Zeugung ist da diese subtile Akzeptanz. Sie kennen meine Energie, nicht bewusst, aber ihre und meine Seelen sind einverstanden damit wie es sein wird.
Geh zu dem Punkt, an dem du dich mit dem Baby verbindest.
Ich bin in der Gebärmutter. Es ist dunkel.
Im wievielten Monat der Schwangerschaft sind wir?
Es fühlt sich wie ein Baby an mit Armen und Beinen. Es ist nicht so spät, ich würde sagen, im dritten oder vierten Monat.
Wo genau dringst du ein?
Am Kopf.
Und was erlebst du, wenn du eindringst?
Ich bin mir bewusst, dass ich es zuvor schon getan habe. Ich bin nicht sonderlich aufgeregt dabei. Es geschieht alles sehr ruhig und friedlich, und es fühlt sich richtig an, verstehst du?

Vorbereitung zur Inkarnation

Newton berichtet, dass der Prozess des Verschmelzens von Seele und Körper nicht einfach ist, und manchmal langsam vorgenommen werden muss Natürlich beeinflusst auch der emotionale Zustand der Mutter das Baby, insbesondere negative Emotionen. Daher kann es sein, dass die Seele vor dem Eintritt in den Körper warten muss, bis sich die Gefühle ändern oder die Energiemuster der Mutter auflockern. Die Seele passt ihre Vibrationen an die des Babys an, und um das für Seele und Körper erträglich zu machen wird sie für einige Monate immer wieder in den Körper ein- und austreten. Wendy Simpson berichtet, dass sie sich sehr eingeschränkt fühlt als sie zum ersten Mal in der siebten Woche der Schwangerschaft in das Baby eindringt, aber sie kann „hinein und hinaus gehen" bis etwa zum dritten Monat. Katja Eisler bestätigt diese Idee und ist sich auch der Emotionen der Mutter bewusst:

Wie alt ist das Baby, vom Zeitpunkt der Zeugung aus gesehen?
Sechs Monate.
Beschreibe bitte was geschieht...
Ich nehme mir einen Moment Zeit und beobachte es.
Durch welchen Teil des Körpers dringst du ein?
Durch das Gehirn.
Wie fühlt es sich an?
Da ist viel Energie. Ich kann nicht anders, als mich ein bisschen gefangen zu fühlen. Ich gleite ein bisschen ein und aus.
Wann verschmilzt zu endgültig mit dem Baby?
Acht Monate.
Wie fühlt sich das an?
Ich fühle die Schwierigkeiten, die meine Mutter damit hat schwanger zu sein, es ist wie eine Enttäuschung, sie fühlt sich zu jung und sie meint, sie hat den falschen Mann dafür. Sie hat sich in einen anderen Mann verliebt.
Wie lange dauert die Verschmelzung?

> Es dauert einige Zeit. I muss mich erst an das Gehirn gewöhnen, es ist kein „angenehmes" Gehirn. Es fühlt sich so an als ob meine Seele viel weicher und leiser ist als das Gehirn dieses Babys.

Katja ist leider nicht die einzige Klientin, die eine Ankunft in einer nicht gerade glücklichen Umgebung erfahren muss. Jack Hammond wusste zwar, dass er eine schwierige Zeit haben wird, sobald sein Maori Gen entdeckt wird, doch ist er überrascht, schon die Umgebung in der Gebärmutter als nicht einladend vorzufinden.

> Es ist, als ob ich nur beobachte, ich bin noch nicht wirklich im Baby... Es ist fast als ob ich gerade warte um zu sehen, ob es in Ordnung gehen wird... Ich komme im zweiten oder dritten Monat [ab Zeugung] dazu... Es ist kein guter Zeitpunkt gezeugt worden zu sein. Mama ist alleine, und sie weint viel. Es ist ein schlechter Start.

Liam Thompson empfindet das Erlebnis ebenfalls als etwas unangenehm, obwohl es so scheint, als habe dies nichts mit seiner Mutter zu tun:

> Ich verschmelze problemlos mit dem Baby... Es ist im vierten Monat [ab Zeugung]. Es ist gut entwickelt... Zuerst verbinde ich mich mit dem Gehirn. Das ist der schwierigste Teil... Ich breite mich über und um es herum aus. Da gibt es noch nichts. Es ist als ob man in einen leeren Raum geht und das Licht anmacht... In einen menschlichen Körper zurück zu sein fühlt sich verstörend, kalt und dicht an.

Lene Haugland ist, wie Nikola, nicht erpicht darauf in das Baby einzudringen. Im Gegensatz zur Mehrheit der Klienten, die berichten dass sie über den Kopf oder das Gehirn Zugang finden, wählt sie einen Zugang über die Kehle:

Vorbereitung zur Inkarnation

> Ich will mich nicht vereinigen… Ich häng hier nur herum, ich mag diese Situation nicht. Das Baby ist im zweiten Monat [ab der Zeugung]… Ich muss eindringen bevor es drei Monate alt ist da ich die Seele mit dem physischen Körper verbinden muss… Ich dringe über die Kehle ein… Es ist, als ob ich es mittels einer Art Farbe penetriert habe. Es scheint wichtig dass ich die Kehle penetriere, es ist sehr wichtig für die Entwicklung dieses Kindes… Es war auch der einzige Teil des Körpers der Farbe vibrierende Farbe aufwies. Sie war blau.

Die meisten Klienten berichten, dass sie zwischen dem zweiten und vierten Schwangerschaftsmonat eindringen, nur Katja lässt sich für ihren ursprünglichen Eintritt bis zum sechsten Monat Zeit. Veronica Perry tritt noch später ein. Wir stellen fest, dass der Start in ihr Leben als Waise sowohl unerwartet als auch äußerst traumatisch ist:

Geh zu dem Zeitpunkt kurz bevor du mit dem Baby verschmilzt und erzähl mir was du erlebst.
Große Verwirrung. Ich fühle mich plötzlich sehr schwer. Meine Energie verschmilzt mit der physischen. Es ist ziemlich schmerzhaft.
Wie ist das im Vergleich mit anderen Malen?
Manchmal ist es leichter als das. Es kommt darauf an, in welchem Stadium sich das Baby befindet.
In welchem Monat nach der Zeugung ist das Baby?
Im siebten.
Hast du dich je so spät inkarniert?
Nein. Normalerweise bin ich in der Lage, mich früher mit dem Baby zu verbinden, und mich hinein und hinaus zu bewegen bevor ich mich vollständig verbinde.
Was ist Grund dafür sich mit diesem bestimmten Baby erst im siebten Monat zu verbinden.
Oh. Zuvor war eine andere Seele hier.

DIE SEELE ERKUNDEN

Und was ist mit dieser anderen Seele geschehen?
Da waren zwei Seelen hier vor mir. Da war ein anderes Baby. Hier hätten zwei Babys sein sollen.
Ist dem anderen Baby etwas passiert?
[Tiefes Seufzen] Es wurde abgetrieben.

An dieser Stelle bricht Veronica in heftiges Weinen aus, was einmal mehr zeigt, wie intensiv Regressionserlebnisse sein können. Nachdem sie beruhigt und wieder im Gleichgewicht ist, wird sie ins Zwischenleben zurückversetzt um zu herauszufinden was geschehen war. Es wird sehr klar, warum sie traumatisiert wurde:

> In diesem Leben habe ich mich entschieden, in eine Welt geboren zu werden, in der Kinder missbraucht wurden und ungewollt waren. Die Seele, die sich vor mir entschlossen hatte dieses Leben zu durchleben war so traumatisiert von der Abtreibung des anderen Zwillingsbabys, dass es sich aus diesem Leben zurückzog. Was ich bei der Verbindung mit dem überlebenden Baby spürte, war der Schock und die Traurigkeit der Seele, die vor mir in diesem Körper war. Sie hatten diese Energie zurückgelassen. Das ist ein weiterer Grund dafür, warum mit gestattet wurde, so viel Seelenenergie mitzubringen, und so viele Ressourcen.

DER SCHLEIER DER AMNESIE

Das Einsetzen der Amnesie über die geistige Welt wird allgemein so erklärt, dass es sich um einen entscheidenden Prozess handelt, der uns gestattet, effektiv mit der Dualität der Erde zu interagieren. Hätten wir Erinnerungen an die Perfektion und Reinheit unserer wahren spirituellen Heimat wären die meisten Menschen von Heimweh überwältigt, und das Verlangen dorthin zurückzugehen könnte zu stark sein. Ein anderer Grund ist, dass

Vorbereitung zur Inkarnation

ein vollständiges Wissen über unseren Lebensplan wie das Ablegen einer Prüfung wäre, deren Antworten bereits bekannt sind.

Für Nicola Bernard beginnt dieser Prozess der Amnesie sogar schon als sie die geistige Welt verlässt, und es kann in einigen Fällen sein, dass dieser Prozess schon Bestandteil des Schichtenanlegens ist. Häufig ist das Vergessen jedoch kein plötzlicher, sondern ein allmählicher Prozess, und es ist sehr unterschiedlich wann die vollständige Blockierung der Erinnerung beim Einzelnen greift. Es ist nicht unüblich in Zwischenleben-Sitzungen, dass einige Klienten versuchen zu verstehen was sie da gerade erleben und versuchen diesen Vorgang zu beschreiben. Die Erinnerung an die geistige Welt und die eigene Herkunft scheinen zu verblassen, selbst wenn man dem Prozess versucht zu widerstehen:

[Flüstert zu sich selbst] Ich vergesse. Ich denke es ist Zeit zu gehen, weil es schwierig wird mich zu erinnern, wo ich herkomme.
Was geschieht da gerade?
Mit diesen neuen Schichten ist es, als ob die Wahrheit allmählich weggewischt wird. Ich will mich an meine Seelenfamilie erinnern, aber ich weiß ich nicht, ob es kann. Ich habe es so viele Male vergessen.
Was geschieht als nächstes?
Es ist Zeit hinunter zu gehen. Ich weiß, dass alles vorbereitet ist, ich fühle mich nicht aufgeregt. Alles, man hat sich um all die Details gekümmert. Wo ich hingehe und was ich tun soll erscheint sehr klar, es ist nur nicht so leicht aufzubrechen. Je mehr Schichten angelegt wurden desto weniger verbunden war ich mit der anderen Wirklichkeit.

Katja Eisler berichtet dass das Vergessen über ihre Herkunft und die geistige Welt bei ihrer Geburt einsetzten. Lene Haugland hatte das Gefühl, sie konnte sich erinnern bis sie etwa sieben Monate alt war.

Es gib die verbreitete Vorstellung, dass einer der Gründe dafür, dass kleine Babys einen Großteil ihrer Zeit mit Schlafen verbringen daher rührt weil sie noch in der Lage sind sich an einige Aspekte ihres Daseins in der geistigen Welt zu erinnern. Liam Thompson erinnert sich daran, dass er als Kleinkind noch über seine Herkunft weiß:

Zu welchem Zeitpunkt werden die Erinnerungsblockaden in Kraft treten?
Als Kleinkind.
Wie geschieht das?
Während mein Gehirn seine Persönlichkeit entwickelt, wird meine Seele leiser werden, wie eine schwächer werdende Glühbirne. Sie ist nie vollständig aus, sie ist immer da, immer in einer Art gedimmtem Zustand.

Liam erinnert uns mit dieser Beschreibung daran, dass wir sogar mit Amnesie während unserer physischen Leben immer noch den Kern, unsere Seelenenergie, unser höheres Selbst, kontaktieren können.

9

FAZIT

Was anderes ist ein guter Mann wenn nicht Lehrer eines schlechten Mannes?
Was ein schlechter Mann, wenn nicht Aufgabe eines guten Mannes?
Wenn du das nicht verstehst,
wirst du dich verirren, egal wie gescheit du bist.
Das ist das große Geheimnis.
Lao-Tzu, Chinesischer Tao-Meister

Führung und Unterstützung

Eine der wichtigsten praktischen Erkenntnisse dieser Forschung ist, dass Hilfe aus der geistigen Welt wesentlich unkomplizierter zur Verfügung steht als viele von uns denken. Als Liam Thompson für eine Besprechung über seine Fortschritte im aktuellen Leben zu seinen Älteren zurückgeht vermitteln sie ihm auch Wissen über Methoden, die man benutzen kann, um seinen Guide und andere Helfer zu kontaktieren:

> Sie geben mir Hilfe durch Träume aber auch durch ein tiefes, inneres Wissen... Ich muss entspannt sein, um das, was sie vermitteln verstehen zu können... Sie sagen mir, dass Wissen schon in mir selbst existiert, dass ich alle Antworten der Welt habe, und dass jede mögliche existierende Situation geheilt werden kann. Sie sagen mir, dass ich vertrauen muss... Sie

sagen auch, dass Meditation sehr hilfreich sein wird, aber dass ich mich konsequent täglich mindestens 10 Minuten lang bemühen muss. Nichts kommt ohne Üben und sich bemühen... Mein Guide wird ebenfalls da sein, um zu helfen... Ich muss einfach ruhig bleiben, und zentriert, und die Gefühle werden kommen.

Es ist interessant, dass Katja Eislers Guide den Hinweis bestätigt, der Liam über die Wichtigkeit des Meditierens für ein Minimum von zehn Minuten an Tag gegeben wurde:

Er sagt „Ruf mich einfach"... Es ist am Effektivsten während einer Meditation. Ich soll im Sitzen meditieren und nicht im Liegen sonst ginge ich zu tief in Trance. Er sagt, jeden Tag zehn Minuten würden reichen... Er sagt auch, dass ich es jederzeit und an jedem Ort tun kann. Ich kann ihn einfach beim Namen rufen oder ihn mir vorstellen.

Die Nachdrücklichkeit mit der den Klienten versichert wurde, dass sie jederzeit Hilfe erhalten können, wenn sie darum bitten wird auch von Jack Hammonds Guide Garth bestätigt:

Oh! Ich wurde ermahnt! Mir wurde gesagt „Denk daran um Hilfe zu fragen wenn Du sie brauchst"... Ich soll meditieren und mich wenn möglich an einen ruhigen Ort begeben, um Garths Gegenwart besser spüren zu können. Oh! Man kann auch ganz einfach fragen, weil es Zeiten geben wird, zu denen man nicht weggehen und sich hinlegen oder einen ruhigen Ort finden kann. Dann kann man einfach fragen ohne großen Bohei.

Lisbet Halvorsen wird, während ihrer Trance im Zwischenleben übermittelt, dass sie fortfahren soll mit ihrer Seelengruppe Pläne zu machen während sie schläft:

Fazit

Es scheint so, als ob ich, während ich hier unten schlafe, mit meiner Seelengruppe arbeite... Als ob ich ein paralleles Leben in der geistigen Welt führe. Wenn ich dort bin planen und unternehmen wir verschiedene Dinge, und ich erhalte gleichzeitig Unterstützung und Trost die mir in meinem Leben auf der Erde helfen.

RÜCKMELDUNGEN VON KLIENTEN

Zwischenleben-Erfahrungen können dabei helfen neue Bedeutung in dem Leben, das man führt zu finden und ganz neue Bezüge zum Erleben zu erfahren. Über Seelenerinnerungen zwischen den Leben zu verfügen verändert oftmals das Leben der Klienten auf sehr individuelle und positive Weise.
Wir haben die Klienten um Rückmeldung nach drei Monaten und einem Jahr nach ihren Zwischenleben-Sitzungen gebeten.
Die Rückmeldungen sind auch ein bewegendes Zeugnis der tiefgreifenden Veränderungen, die die in den Sitzungen gewonnenen Erkenntnisse im aktuellen Leben bewirkt haben. Nadine Castelle brachte es mit knappen Worten auf den Punkt:

> Die Erfahrung hat mich auf einen anderen Level gehoben. Sie war ein wunderbares Geschenk.

Lene Haugland hielt es ähnlich knapp, aber fröhlich:

> Mein Leben hat sich sehr geändert seit der Sitzung. All die Angst, die ich hatte, ist fort, und ich habe mich noch nie so sicher in mir gefühlt und so geliebt. Ich werde immer dankbar für diese Erfahrung sein.

Katja Eisler ist nicht nur dankbar, sie hatte auch das Gefühl, dass die Erfahrung ihr in vieler Hinsicht geholfen hatte, einschließlich ihrer schwierigen Beziehung zu ihrer Mutter:

Meine Zwischenleben-Sitzung hat mir in vieler Hinsicht geholfen. Es hat meine Sicht auf die größere Bedeutung und den Sinn des Lebens erweitert. Es hat mir geholfen Menschen auf eine andere Art zu betrachten, zu erkennen, dass wir alle hier gemeinsam drin stecken und gemeinsam eine Menge Lernerfahrungen machen. Zu erkennen, dass wir gemeinsam Aufgaben für unsere Leben auswählen, und unsere Eltern und wichtige andere Personen ebenso. Das hat mir eine Menge geholfen, da meine Beziehung zu meiner Mutter immer sehr schwierig war, ich es aber jetzt mehr als eine Chance zum Wachstum sehe. Auch habe ich mich nach den Sitzungen verbundener gefühlt, und ich habe meine Todesangst verloren. Nicht vollständig, aber zum größten Teil. Ich habe begonnen, mehr Mitgefühl für mich selbst zu haben, und viele Gefühle und Gedanken besser als zuvor zu verstehen.

Wendy Simpson bezog sich vor allem auf die Besserung ihres behindernden chronischen Erschöpfungssyndroms, das Schmerzen und bleierne Müdigkeit verursacht. Eine ihrer Lebensaufgaben ist die Art, mit der sie andere behandelt, und diese Aufgabe wurde mit voller Absicht schwierig gestaltet. Dazu kommt, dass sie durch ihren niedrigen Energielevel zusätzlich gebremst wird. Ihre Ältesten ließen sie wissen, dass die CFS ihren karmischen Zweck erfüllt hatte und nicht länger gebraucht würde:

Meine Zwischenleben-Sitzung war eine große Hilfe für mich; vor allem hat sich meine Einstellung zum Leben geändert und ich habe die Furcht vor dem Tod verloren. Ich bin viel entspannter und gelassener geworden, und interessierter daran meine Eigenschaften und meine Persönlichkeit anzuschauen. Meine Krankheit hat sich sehr verbessert und mein Energielevel hat sich enorm gesteigert. Ich habe eine sehr positive Einstellung was meine Zukunft und Lebensaufgabe angeht und konstruktive Schritte unternommen, um

Fazit

Veränderungen in mein Leben zu bringen. Die ganze Erfahrung war sehr speziell und restlos verblüffend und sehr tiefgehend. Ich bin sehr dankbar für die Gelegenheit, diese Sitzung und Erfahrung zu erleben, und für die Heilung, die dadurch gekommen ist.

Liz Kendry schickte uns diese überaus herzerwärmende Beschreibung wie ihre Erlebnisse im Zwischenleben ihr geholfen haben mit dem Verlust ihres Ehemanns Charles umzugehen:

Seit der Sitzung bin ich in der Lage den Verlust meines Ehemanns besser zu verkraften. Ich war in der Lage mich schneller mit der Trauer auseinander zu setzen, auch im Wissen dass er noch existiert und dass wir uns wieder treffen werden. Die Sitzungen haben mich auch in die Lage versetzt, mein Leben weiter zu leben und nicht in der Trauer und im Selbstmitleid wegen meines Verlusts stecken zu bleiben. Etwas, dass ich in vorigen Leben offensichtlich nicht geschafft habe. Mit „mein Leben weiter leben" meine ich nicht, dass ich ausgegangen und einen Ersatz für meinen Ehemann gesucht habe, das würde ich niemals tun. Aber ich kann mein Leben fortsetzen. Durch das Wissen, dass diese Erfahrung Teil meiner Lebensaufgaben ist, versuche ich ein volles Leben ohne ihn zu bewältigen und zu leben. Gelegentlich sage ich zu mir selbst, „Was haben wir uns eigentlich dabei gedacht, das so zu planen?" Trotzdem habe ich akzeptiert, dass wir diese Entscheidung getroffen haben, und ich muss den Rest des Planes leben und das Beste daraus machen. Nicht dass ich gänzlich weiß, was der Plan ist, abgesehen von der Unabhängigkeit, die ich erfahren soll. Zu wissen, dass wir nach dem Tod weiter existieren hat mir geholfen, ein positiveres Leben zu führen, und ich bin mir meiner Entscheidungen und wie diese andere betreffen und beeinflussen jetzt bewusster.

Eine der entscheidendsten Einsichten, die aus dem Zwischenleben gewonnen werden kann, die sowohl Katja als auch Liz als außerordentlich wichtig empfinden, ist Folgende:

> Wenn wir Herausforderungen und schwierigen Umständen gegenüberstehen, ist es hilfreich sich daran zu erinnern, dass wir uns höchstwahrscheinlich selbst dafür entschieden haben diese Erfahrungen zu machen um zu Lernen und zu Wachsen.

Schließlich kommen wir zu Veronica Perry, deren detaillierte Sitzungen trotz ihres Mangels an Vorwissen einen ungemein wichtigen Beitrag zur Forschung geleistet haben:

> Meine Worte werden der Erfahrung nicht gerecht werden können, aber ich möchte Euch wissen lassen, dass es für mich eine extrem tiefgreifende Erfahrung war. Ich habe eine Menge „Themen" in einem Leben in einen neuen Kontext gebracht und die Sitzungen haben es mir ermöglich das große Ganze der Reise meiner Seele zu erkennen. Ich kann mich für diese Gelegenheit nur beim Universum bedanken. Dafür mir diesen flüchtigen Blick auf meine Seele gegeben zu haben, auf mein Leben zwischen Leben. Es war ein magisches, wunderbares und demütig machendes Erlebnis. Es hat mich berührt, meinen Blick aufs Leben verändert und hat meine Augen, mein Herz und meine Seele für größere Gelassenheit geöffnet. Ich habe Verständnis, Liebe und Respekt für das Leben, für andere auf ihrer Reise, für das Universum, und für mich selbst gefunden.

ABSCHLIESSENDE GEDANKEN

Hoffentlich war es möglich aus der Auswahl an Klienten-Feedbacks etwas von der tiefgreifenden und Ehrfurcht gebietenden Erfahrung zu übermitteln, die uns alle erwartet, wenn wir in unsere wahre, spirituelle Heimat zurückkehren.

Fazit

Sie zeigen die tiefgründige Heilung und das spirituelle Wachstum, das stattfindet wenn die Erkenntnisse einer Zwischenleben-Sitzung in das laufende Leben einer Person integriert werden kann.

Im Laufe der Zeit wird dieses Erlebnis als ein mächtiges psychologisches Werkzeug erkannt und genutzt.

Die Forschungsarbeit dieses Buchs baut auf der hervorragenden Arbeit der Pioniere des Zwischenlebens-Forschung auf, im Besonderen der Michael Newtons.

Sicherlich gibt es einige Gebiete, in denen sich die Interpretationen unterscheiden.

Eine wichtige Erkenntnis unserer Arbeit ist beispielsweise die enorme Bandbreite der Erfahrungen, die unsere Klienten machen und wie sie diese Erlebnisse empfinden und für sich einordnen, trotz eines grundsätzliche gleichen Gerüsts elementarer Elemente und Verständnisse über das Zwischenleben als solches, die wiederum ebenfalls bei allen Klienten abrufbar sind.

Solche Differenzen sind jedoch zu erwarten wenn es um die Erweiterung der Erkenntnisse eines derart komplexen Forschungsbereichs geht. Selbstverständlich schmälert dies auf keine Weise den enormen Respekt für all die Pioniere, die vor uns das Zwischenleben erforscht haben.

Ein wichtiger Aspekt unserer Studie war das Vorwissen der Klienten über das Leben zwischen Leben, Ein Drittel der Klienten hatte einen hohen Grad an Vorwissen über Zwischenleben-Bücher, insbesondere durch Newtons Veröffentlichungen. Ein weiteres Drittel hatte zumindest in einem gewissen Maße davon gehört. Das letzte Drittel hatte minimale oder gar keine Vorkenntnisse.

Wir konnten bestätigen, dass grundsätzliche Elemente der Erfahrungen und Einordnungen für alle Klienten, unabhängig von ihrem Vorwissen, vorhanden waren. Darüber hinaus lieferte Lene

DIE SEELE ERKUNDEN

Haugland, die etwas Vorwissen hatte, folgende wichtige Erkenntnisse in ihrem späteren Feedback:

> Während und nach meiner Sitzung wusste ich nur eines: Meine Erfahrung war nicht, was ich erwartet hatte. Das meiste davon war vollständig neu für mich. Wenn ich mich in Trance befand, konnte ich nicht wählen, was ich sehen oder fühlen würde, und was ich zuvor gelernt oder darüber gehört hatte, zählte nicht. Ich erinnere mich, dass mein Verstand mir mehrere Male versuchte zu sagen, dass einige der Dinge, die ich erlebte, falsch sein müssten, weil ich nie davon gehört oder gelesen hatte. Durch die "Zwischenmeldungen" meines Verstandes weiß ich aber auch, dass die Erfahrungen im Zwischenleben tatsächlich meine eigenen sind.

Ich möchte das Buch mit der Erkenntnis beenden, die Veronica Perry über das Geschenk des Lebens auf Erden erfuhr. Ihre Älteren ließen sie während ihrer Fortschritts-Evaluation des derzeitigen Lebens Folgendes wissen:

> Auf Seelenebene habe ich meine Leben immer genossen. Obwohl einige davon mühevoll waren, und es eine Menge Schmerz gab durch Dinge, die ich gesehen, erfahren und getan habe. Wann auch immer ich zurück auf die Seelenebene gehe, weiß ich das zu schätzen. Ich bin für diese Lernerfahrungen dankbar, ebenso für das gelegentliche Helfen und Lehren, und das Verstehen der vielen verschiedenen tiefen Gefühle, die wir hier haben können. Ja, es gibt schmerzhafte, aber auch ebenso wunderbare Dinge zu fühlen und zu erleben. Einfach das Gefühl von Sonnenschein, das Gefühl einer Brise, die Düfte, das Glück, in der Lage zu sein, über eine Wiese zu laufen. Das sind alles Dinge, die meine Seele nähren und die mir gut tun.

Anhang

Die Geschichte der Zwischenlebenforschung

Falls die Pioniere der Regressionstherapie von den Ergebnissen ihrer Forschung über vergangene Leben überrascht waren, stelle man sich die zusätzliche Überraschung vor, als etliche von ihnen unabhängig voneinander entdeckten, dass ihre Klienten sich auch an Details aus der Zeit zwischen Leben erinnern konnten. Unversehens begannen gewöhnliche Leute ohne bestimmte religiöse oder spirituelle Hintergründe fundierte Erkenntnisse über das Leben zwischen den Leben zu liefern. Noch beeindruckender war, dass sich ihre Enthüllungen als höchst konsistent erwiesen.

Joel Whittons Erfahrung ist eine typische Erfahrung der frühen Pioniere. Er gab ein unpräzises Kommando an einen Klienten mitten während einer Regression in ein vergangenes Leben. Die Instruktion lautete, zurück in das „Leben" vor dem Leben, in das sie soeben zurückgegangen war, zu gehen. Er war verblüfft, als sie sich „im Himmel (wiederfand)....darauf wartend, geboren zu werden ... ich beobachte meine Mutter". Nach diesem Ereignis leistete er einen großen Beitrag zum Verständnis der Zwischenlebens-Erfahrung durch die systematische Erforschung des Phänomens mit einigen seiner Klienten. Die Erkenntnisse seiner Untersuchungen veröffentlichte er 1986 zusammen mit Joe Fisher in dem Buch *Life between Life*.

Helen Wambach führte bereits in den 70er Jahren Untersuchungen mit Freiwilligen durch, die sie in Gruppensitzungen in Trance versetzte und ihnen dann immer die gleichen Fragen stellte. Im Anschluss an die Sitzungen schrieben die Probanden ihre Erlebnisse auf und beantworteten Fragebögen zu den Sitzungen. Sie hatte zuvor mit einer ähnlichen Methode bereits erfolgreich die ersten harten statistischen Daten über vergangene Leben gesammelt. Etwa 750 Freiwillige wurden in Trance versetzt und aufgefordert zurück in die Zeit, bevor sie in dieses Leben geboren wurden, zu gehen. Sie wurden gefragt, ob sie sich freiwillig zum Rückkehren entschieden hatten, ob ihnen jemand bei ihrer Entscheidung geholfen hatte, und was sie vom Zurückkehren hielten. Ihre Ergebnisse, veröffentlicht 1986 als Life before Life, waren beeindruckend.

Zur gleichen Zeit arbeitete Peter Ramster in Australien mit Regressionen in vergangene Leben und machte dabei wichtige Entdeckungen über das Zwischenleben, die in das Buch „*The Truth about Reincarnation*" eingearbeitet wurden.

Im Laufe des nächsten Jahrzehnts traten drei weitere Zwischenleben-Pioniere an die Öffentlichkeit, alle drei stammen aus Amerika.
Dolores Cannon stieß zufällig auf das Zwischenleben, als eine Klientin in einem vergangenen Leben starb und dann zu beschreiben begann, wie sie „über ihren Körpern schwebte". Diese Erfahrung und ihre daraus resultierende weitere Forschung wurden 1993 als „*Between Death and Life*" veröffentlicht.

Shakuntala Modi schrieb ein durchaus umstrittenes Buch, das auch ihre Ansichten zu Besessenheit durch Dämonen enthält – etwas das die meisten der anderen Pioniere weder erwähnen noch erforschen. Allerdings enthält das Buch „Remarkable Healings" auch einige höchst konsistente Zusammenfassungen ihrer Erkenntnisse über das Zwischenleben.

Michael Newton brachte als erster Pionier erfolgreich die Zwischenlebens-Forschung ins öffentliche Bewusstsein. Er vertrat während der 1960er Jahre eine sehr skeptische Haltung gegenüber Regressionen in vergangene Leben und arbeitete ausschließlich mit traditioneller Hypnotherapie. Er begann die therapeutischen Ergebnisse von Vorleben-Regressionen zu schätzen, als ein Klient, den er angewiesen hatte zur Quelle eines Schmerzes in der rechten Seite zu gehen, beschrieb, wie er als Soldat im 2. Weltkrieg genau auf dieser rechten Seite erstochen wurde. Sein permanenter Schmerz war umgehend und dauerhaft gelindert, was Newton durchaus beeindruckte. Kurze Zeit später stieß er zufällig auf das Zwischenleben, als er einer anderen Klientin, die tiefere, hypnotische Trancezustände erreichte, ein unpräzises Kommando gab. Während der 1970er und 1980er Jahre konzentrierte er im Stillen seine Untersuchungen sorgfältig und systematisch auf das Zwischenleben und konnte durch eine große Anzahl von Fällen eine Fülle an Wissen erwerben, mit dem er eine Art Landkarte der geistigen Welt erstellte und die Aktivitäten und Aufgaben der Seelen zwischen den Leben dokumentierte. Schließlich veröffentlichte er die bisher detaillierteste Zwischenleben-Darstellung von allen Pionieren 1994 als „*Journey of Souls*" und später als „*Destiny of Souls*" im Jahr 2000.

Studien Details

Anzahl der Ältesten im Durchschnitt der Gruppe:

Anzahl Älteste	Anzahl Klienten	
1 - 5	8	67%
6 - 10	3	25%
11 - 15	1	8%

Anzahl der Mitglieder der primären Seelengruppe im Durchschnitt:

Anzahl Seelen	Anzahl Klienten	
1 - 5	2	15%
6 - 10	5	38%
11 - 15	4	31%
16 - 20	1	8%
21 - 30	1	8%

Jeder Klient/Klientin erhielt ein Pseudonym, ansonsten wurden die Angaben wahrheitsgemäß beibehalten.

Die Klassifikation über Vorwissen in Bezug auf LZL war wie folgt:

- *Hoch* – Signifikante Vorkenntnisse über das LZL in Form von Büchern oder anderen Medien.
- *Mittel* – Geringe Vorkenntnisse über Artikel oder andere Quellen.
- *Gering* – Keine oder sehr geringe Vorkenntnisse.

Anhang

Die Anzahl fettgedruckter Zahlen kennzeichnet die Reihenfolge in der die Klienten bestimmte Elemente aus dem Zwischenleben erfuhren.
Mehrere Elemente in einer Situation wurden mit (a), (b) usw. gekennzeichnet.
Mehrere Zahlen nebeneinander weisen auf ein wiederholtes Erleben einiger Elemente hin.

Veronica Perrys zweites Zwischenleben bestand nur in der Rückkehr in die geistige Welt und Heilungserlebnissen.

PERSÖNLICHE DETAILS

KLIENT	Alter	M/W	LAND	Vor-wissen	Trans-ition	Heilung	Guide Bespr.	Älteste Bespr	Seelen gruppe
Nicola Barnard	30s		UK	L	**1**	**2**			**3**
Magnus Bergen	20s	M	Norwegen	L	**1**	**2**	**4**	5a	**3**
Nadine Castelle	30s	W	UK	M	**1**	**2**	**4a**		**3 6 8**
Katja Eisler	30s	W	Deutschland	M	**1**	**5**	**2**	**3**	**4 6**
Lisbet Halvorsen	20s	W	Norwegen	M	**1a**	**2**	**1b**		**3 5**
Laura Harper	40s	W	UK	H	**1**	**2**		**4**	3a
Lene Haugland	40s	W	Norwegen	M	**1**	**2 4 6**			**5a**
Jack Hammond	50s	M	NZ	H	**1**			**2**	**3**
Liz Kendry	30s	W	Canada	M	**1**	**2**	**4**	**5**	**3 6**
Marta Petersen	20s	W	Dänemark	H	**1**		**3**		**2**
Veronica Perry 1	30s	W	UK	L	**1**	**2**	**4**		3, 7
Veronica Perry 2	30s	W	UK	L	**1**	**2**			
David Stephens	30s	M	UK	H	**1**	**2**			
Liam Thompson	20s	M	UK	H	**1**	**3 7**	**2 5**		**4**
Wendy Simpson	40s	W	UK	L	**1**	**3**		**2**	**4**

Die Seele Erkunden

PERS. DETAILS

KLIENT	Alter	M/W	Land	Vor- wissen.	Spez. Aktiv	Plan. Gruppe	Leben Vorsch	Life Wahl	Plan m.Ält.
Nicola Barnard	30s	W	UK	L			4b		4a
Magnus Bergen	20s	M	Norwegen	L					5b
Nadine Castelle	30s	W	UK	M	5 9			4b	7
Katja Eisler	30s	W	Deutschland	M				7a	
Lisbet Halvorsen	20s	W	Norwegen	M	4			6	
Laura Harper	40s	W	UK	H	3b			5a	6a
Lene Haugland	40s	W	Norwegen	M	3 5b		7		
Jack Hammond	50s	M	NZ	H			4a		
Liz Kendry	30s	W	Canada	M		7		8	10a
Marta Petersen	20s	W	Dänemark	H	4			6	5
Veronica Perry 1	30s	W	UK	L				5	6a
Veronica Perry 2	30s	W	UK	L					
David Stephens	30s	M	UK	H				3	4
Liam Thompson	20s	M	UK	H	6	9	10		8a
Wendy Simpson	40s	W	UK	L				5	6

Verwendete Fragen für die Rückmeldung

1. Wenn Sie Vorwissen hatten, in welcher Form denken Sie beeinflusste dieses Vorwissen Ihr Erleben?

2. Hat die Sitzung Ihrer Meinung nach zu Veränderungen in Ihrem Leben geführt und falls ja zu welchen?

Anhang

Vergleich Inhalte der Zwischenleben-Literatur

Die Tabelle zeigt einen Vergleich der Inhalte der verschiedenen Zwischenleben-Bücher nach Autoren (Quelle Ian Lawton)

	Tomlinson	Newton	Ramster	Whitton	Cannon	Modi	Fiore
Aufstieg in die geistige Welt	•	•	•	•	•	•	•
Treffen mit Seelenverwandten, Freunden, Familie	•	•	•	•	•	•	•
Wahrnehmung der Umgebung	•	•		•	•		
Initiale Ruhe- und Heilung	•	•	•			•	
Wiederherstellung Energie	•	•			•	•	
Ablegen Schichten als Heilungsbest.	•						
Rehabilitation für traumatisierte Seelen	•	•			•		
Seelenverwandte/ Leveleinschätzung	•	•	•	•	•	•	
Besprechung mit Ältesten	•	•		•	•	•	•
Lebensbuch- oder Film-ä. Rückschau	•	•	•	•	•	•	
Lernumgebung G.W.	•	•	•	•	•	•	
Nicht verurteilende Gespräche	•	•	•	•	•	•	•
Planen näch. Leben	•	•	•	•	•	•	•
Möglichkeit der Weigerung f. Leben	•	•	•	•	•	•	•
Angebot verschiedener Leben	•	•	•				
Training für Spezialisierung	•	•		•	•		
Schichten anlegen als Vorbereitung z.R.	•						

Die Seele Erkunden

Glossar

Ältere: Weise und erfahrene Seelen, die diejenigen unterstützen, die noch inkarnieren. Sie arbeiten auf höheren Level als die Guides und bieten eine Besprechung des vorhergehenden Lebens sowie Unterstützung bei der Planung des kommenden Lebens an. Klienten nennen sie auch Älteste, die Weisen, die Höheren, die Meister oder das Konzil.

Altruistisches Leben: Ein Leben, das die Seele wählt um anderen zu helfen. Diese Leben dienen nicht in erster Linie zum Kenntniserwerb der Seele sondern unterstützt andere Seelen auf ihrem Weg des Lernens und Erlebens. Manchmal nennt man diese Leben "Füll-Leben".

Anhaftungen: Seelenenergien, die nach ihrem Tod für einige Zeit bei einem Inkarnierten, in einer Gegend oder bei einem anderen Objekt verbleiben. In der Regel werden sie jedoch nach einiger Zeit wieder mit ihrer Kernenergie in der spirituellen Welt vereinigt.

Astral Ebene: Die Dimension, die unmittelbar nach der physischen Welt existiert. Die Energiekörper durchqueren diese Ebene, einige Energien verbleiben in dieser Ebene für einige Zeit.

Emotionale Lektionen: Bezeichnet Lektionen, die eine Seele erfahren möchte während sie inkarniert ist, die einen spezifischen Aspekt oder mehrere Aspekte einer Emotion beinhaltet. Mitglieder einer Seelengruppe arbeiten oft miteinander an diesen Lektionen.

Fluidität/Variabilität: Zwischenleben-Sitzungen sind sehr variabel was die Reihenfolge der Ereignisse, die Intensität des Erlebens und die Häufigkeit der Ereignisse in der geistigen Welt angeht.

Gefangene Seelen-Energie/Geister: Seelen, die nach dem Tod des physischen Körpers nicht erkennen, dass dieser nicht mehr existiert oder durch verschiedene Vorfälle an den physischen Raum gebunden bleiben. Diese Energien können sich an Inkarnierte oder andere Energien oder Orte binden. Letztlich können aber alle Energien, falls sie das beabsichtigen, in die geistige Welt zurückkehren.

Geistige Welt: Heimat aller Seelen-Energien und die Ebene, die der Quelle allen Seins am nächsten ist. Bezeichnung für den energetischen Raum, aus dem wir alle kommen und in den wir nach unseren Inkarnationen zurückkehren. Wird während der Regressionen auch Heimat, Himmel, Zuhause genannt.

Guide: Spezialisierte Seelen, die Seelengruppen oder Seelen sowohl in der geistigen Welt als auch insbesondere in der physischen Welt unterstützen. Sie helfen dabei den Lebensplan einzuhalten und unterstützen in allen Situationen, in denen die Seele Hilfe benötigt. Oftmals empfangen sie die Seele nach ihrer Rückkehr in die geistige Welt und führen mit ihr das erste Gespräch über das vergangene Leben. Sie beraten und unterstützen auch künftige Leben einer Seele ihrer Seelengruppe.

Holographische Seele: Die Seele teilt sich für eine erneute Reinkarnation, denn nur ein - unterschiedlich großer - Teil einer Seele reinkarniert. Die Teile behalten jedoch eine permanente Verbindung zueinander, daher können alle Ereignisse erhalten werden. Während entsprechend tiefer Bewusstseinszustände kann diese Verbindung wieder intensiviert und bewusst werden.

Karma: Weit verbreitete traditionelle Idee über "Aktion und Reaktion", "Bezahlen von Schuld" und "Ernten was man säht". In der Zwischenleben-Erfahrung wird diese Einstellung als ein Prozess des Lernens, des Wachstums und der Erfahrung durch schwierige und auch schmerzhafte Lektionen des Lebens gesehen.

Kernenergie: Auch höhere Energie genannt. Der Teil der Seelen-Energie, der üblicherweise in der geistigen Welt bleibt wenn eine Seele reinkarniert. Diese Energie wird aktiver oder inaktiver sein

Glossar

je nachdem wieviel Energie in die neue Inkarnation mitgenommen wurde.

Körperliche Traumen: Physische Verletzungen, die von der Seele mit in die spirituelle Welt gebracht werden und dort, aus verschiedenen Gründen, nicht geheilt werden. Sie können in das nächste Leben mitgebracht werden.

Konzil der Älteren: Überbegriff für den Rat der Älteren jeder Seele.

Leben zwischen Leben: Das Leben zwischen den Leben der Seele in der geistigen Welt.

Lebens-Vorschau: Eine Vorschau auf das kommende Leben noch in der geistigen Welt um der Seele einen Eindruck auf das kommende Leben und den zu erwartenden Körper zu geben.

Lebensweg: Der wahrscheinlichste Ablauf eines in der geistigen Welt geplanten Lebens. Es kann bestimmte Trigger/Ereignisse geben, die dafür sorgen, dass die Seele die wichtigen Ereignisse der Inkarnation auch wahrnimmt und weitgehend auf dem Lebensweg bleibt.

Lebensplanung: Eine Reihe von Besprechungen und Diskussionen mit Älteren, dem Guide, der Seelengruppe und anderen Gruppen zur Planung des nächsten Lebens.

Lebensrückschau: Ein Prozess des Rückblicks und Lernens aus dem vergangenen Leben, ebenfalls mit Älteren, dem Guide, der Seelengruppe und anderen Gruppen.

Lichtwesen: Begriff für Seelen oder Energiewesen in der geistigen Welt.

Quelle: Der Ursprung, die Quelle, aus der alles stammt. Unsere Seele ist mit der Quelle untrennbar verbunden. Wird manchmal auch die Einheit genannt und hat verschiedene Namen in den verschiedenen Religionen der physischen Welt.

Regression: Das Erleben einer veränderten/vertieften Wahrnehmung, auch Trance genannt, um Zwischenleben oder Vorleben zu erfahren. Hypnose wird häufig und erfolgreich dazu verwandt den vertieften Bewusstseinszustand herzustellen, andere Methoden können jedoch ebenfalls dazu verwandt werden, z.B. Träume, Meditation, Medikamenten-Einnahme, Unfälle, usw.

Schichten anlegen: Ein neuer Begriff, der die Integration/das Anlegen von Emotionen oder Energien in den Teil der Seele beschreibt, der inkarniert. Der Prozess dient dazu bestimmte Lernaufgaben und –erfahrungen zu intensivieren.

Schichten ablegen: Ein neuer Begriff um eine Methode des Heilens und der Energie-Modifizierung zu beschreiben, die alle Seelen durchlaufen müssen um in die geistige Welt zu gelangen.

Schleier der Amnesie: Ein Prozess, der graduell nach der Inkarnation einsetzt und dazu dient, Erinnerungen an das Zwischenleben auszulöschen. Dieser Prozess dient dazu das Gefühl der "Heimatlosigkeit" zu verhindern und die geplanten Lektionen ohne zu mogeln durch zu stehen. Die Erinnerung und Kommunikation mit der geistigen Welt kann in der frühen Kindheit noch vorhanden sein und erst schrittweise verloren gehen.

Sekundäre Seelen-Gruppen: Seelen arbeiten mit vielen anderen Seelen zusammen. Die Anzahl der Seelen, die mit einem anderen Leben interagieren, geht weit über die primäre Seelengruppe hinaus. Daher bilden Seelen aus verschiedenen Gruppen Arbeitsgemeinschaften um sich gegenseitig in ihren Lernprozessen zu unterstützen.

Seele: Die spirituelle Energie, die alle Erfahrungen und Weisheit der von ihr gelebten Leben und alle individuellen Eigenheiten des Funkens der universellen Energie, aus der wir alle stammen, enthält.

Seelen-Farbe: Jede Seele zeigt eine bestimmte Grundfarbe, die oftmals mit der Zugehörigkeit zu ihrer Gruppe oder einer ihrer Gruppen einhergeht. Die Farbe der Seele kann sich nach Entwicklungsgrad oder Aufgabe, der sie nachgeht verändern und scheint durch Energiegehalt oder Höhe der Vibration unterschiedlich zu sein.

Seelenenergie-Reintegration: Der Prozess, bei dem die in die geistige Welt zurück kehrende Seele mit ihrer Kernenergie wieder vereint wird.

Seelen-Fragmentierung: Durch sehr intensive emotionale Interaktionen können inkarnierte Seelen Fragmente ihrer Seele an andere Inkarnierte verlieren oder ohne bewusstes Wissen darüber abgeben.

Seelen-Gruppen: Gruppen von Seelen, die eng miteinander arbeiten sowohl in der geistigen als auch in der physischen Welt.

Seelengefährten: Seelen die als Gruppe sehr eng miteinander über mehrere Inkarnationen und in der geistigen Welt zusammen arbeiten, z.B. als enge Freunde, Familie, Partner.

Spezialisierung: Seelen können in der geistigen Welt bestimmte Spezialisierungen anstreben, z.B. lehren, unterstützen, führen, heilen, Energie-Arbeit und viele mehr. Alle Seelen wählen eine Form der Spezialisierung auf einem Gebiet, für das sie besonders geeignet sind wenn sie dafür bereit sind und über ausreichend Erfahrung verfügen. Gruppen können ihre Spezialisierungen auch während Inkarnationen miteinander weiter entwickeln.

Spirituelle Regression: Die Begleitung eines Trance-Zustandes oder vertieften Bewusstseinszustandes um bestimmte Seelen-Erinnerungen abzurufen. Auch Leben-zwischen-Leben- oder Zwischenleben-Regression genannt.

Trigger: Emotionale oder physische Marker, die in der geistigen Welt gesetzt wurden um eine Seele, Lektion, Lernaufgabe, Situation zu erkennen, an der die Seele arbeiten möchte. Die Trigger dienen dazu diese speziellen Ereignisse zu erkennen und den Lebensweg zu unterstützen.

Weise: Wird oft für die Älteren verwandt. Es bezeichnet Seelen, deren Entwicklung bereits auf einem hohen Level ist und die nicht mehr inkarnieren.

Zwischenleben: Das Leben zwischen den Leben in der geistigen Welt.

Quellenangabe und Referenzen

Die meisten der hier aufgeführten Psychologen oder Psychiater führen eine Fachbezeichnung oder einen Doktortitel, der nicht extra aufgeführt wurde. Es lag nicht in unserer Absicht dies zu verschweigen, sondern diente nur der Vereinfachung und Vermeidung von Wiederholungen.

Einführung

Lawton, *The Book of the Soul*: analysis of interlife pioneers, chapter 5, p. 122

Stevenson, Ian, *Twenty Case of Suggested Reincarnation*: detailed analysis of 20 children who remembered past lives, Swarnata Mishra case, chapter 2, pp. 67–91.

Stevenson, Ian, *Where Reincarnation and Biology Intersect*: detailed analysis of children who have physical marks and deformity from this life corresponding to past life wounds.

Tomlinson, *Die Seele heilen* (*Healing the Eternal Soul*): emotions encountered in past life regression, detailed evidence and analysis of past-life regression research, chapter 1, the techniques used in interlife regression, chapter 7 and appendix III.

Kapitel 1

Cannon, *Between Death and Life*: tunnel experience after death, chapter 1, pp. 12–13.

Fiore, *You Have Been Here Before*: tunnel experience after death, chapter 11, p. 223.

Lawton, *The Book of the Soul*: evidence against regression to non-human lives, chapter 7, pp. 194–5; detailed evidence and analysis of near-death experiences, chapter 2; severing of the cord, chapter 10, pp. 260–1.

Modi, *Remarkable Healings*: tunnel experience after death, chapter 3, p. 144.

Newton, *Journey of Souls*: tunnel experience after death, chapter 1, p. 9 and chapter 2, p. 18.

Ramster, *The Truth about Reincarnation*: tunnel experience after death, chapter 6, p. 133.

Tomlinson, *Die Seele heilen* (*Healing the Eternal Soul*): additional case study of transition, chapter 7.

Van Lommel et al, *Near-death Experience in Survivors of Cardiac Arrest*; a prospective study in the Netherlands, The Lancet, 15 Dec 2001.

Whitton, *Life Between Life*: tunnel experience after death, chapter 4, pp. 30–1.

KAPITEL 2:

Cannon, *Between Death and Life*: initial healing, chapter 5, pp. 62–7; rest and recuperation for damaged souls, chapter 2, p. 20.

Modi, *Remarkable Healings*: initial healing, chapter 3, pp. 115–16; ventilation for traumatized souls, chapter 3, p. 115.

Newton, *Journey of Souls*: initial healing, chapter 5, pp. 53–5; reorientation for mildly traumatized souls, chapter 5, pp. 55–6.

Newton, *Destiny of Souls*: reshaping or remodeling of traumatized souls, chapter 4, pp. 94–104; reintegrating soul energy, chapter 4, pp. 120–4.

Ramster, *The Truth About Reincarnation*: initial healing, chapter 6, pp. 133–4.

KAPITEL 3:

Lawton, *The Book of the Soul*: regression evidence against the notion of hell in Christian and Hindu theology, chapter 7, pp. 182–94.

Modi, *Remarkable Healings*: seeing past events from the perspective of others, chapter 3, p. 117.

Moody, *Life After Life*: life reviews during the near-death experiences, chapter 2, pp. 64–8

Newton, *Destiny of Souls*: soul perspective of feeling the pain inflicted on others, chapter 5, p. 167.

Ring, *Life at Death*: life review at the death experience, chapter 4, p. 67 and chapter 10, pp. 197–8

Tomlinson, *Die Seele heilen* (*Healing the Eternal Soul*): additional case studies of guide review and of elder review, chapter 7.

Whitton, *Life Between Life*: seeing past events from the perspective of others, chapter 4, p. 40.

KAPITEL 4:

Lawton, *The Book of the Soul*: gender issues in the context of reincarnation, chapter 7, pp. 176–8.

Newton, *Journey of Souls*: dormant energy of still incarnate soul mates, chapter 6, p. 85; soul grading system by color, chapter 7, pp. 102–5; secondary groupings, chapter 7, pp. 87–91; one guide for each group, chapter 14, p. 262.

Tomlinson, *Die Seele heilen* (*Healing the Eternal Soul*): additional case studies of soul groups, chapter 7.

KAPITEL 5:

Lawton, *The Book of the Soul*: evidence in support of intelligent design, chapter 10, pp. 265–7.

Newton, *Destiny of Souls*: energy work, chapter 5, pp. 194–9 and chapter 8, pp. 330–44.

Newton, *Journey of Souls*: energy work, chapter 10, pp. 164–8.

Whitton, *Life Between Life*: halls of learning, chapter 4, p. 48.

KAPITEL 6:

Lawton, *The Seth Material* (www.ianlawton.com/se1.htm).

Tomlinson, *Die Seele heilen* (*Healing the Eternal Soul*): additional case studies of multiple choice previews, chapter 7.

KAPITEL 7:

Cannon, *Between Death and Life*: filler lives, chapter 8, p. 140.

Lawton, *The Book of the Soul*: detailed analysis of the dynamics of karma, chapter 7, pp. 154–70.

Newton, *Journey of Souls*: filler lives, chapter 12, p. 220.

KAPITEL 8:

Newton, *Life Between Lives*: a soul drifting in and out until finally entering the brain of a fetus, Part 3, p. 51

Newton, *Destiny of Souls*: proportion of soul energy brought into incarnation, chapter 4, pp. 116–20; difficult merger of soul and brain, chapter 9, pp. 384–94.

Tomlinson, *Die Seele heilen* (*Healing the Eternal Soul*): additional case study of soul energy selection, embarkation and merger, chapter 7.

ANHANG

Lawton, *The Book of the Soul*: analysis of interlife pioneers, chapter 5, p. 122, chapter 6, p. 149.

BIBLIOGRAPHIE

Cannon, Dolores, *Between Death and Life: Conversations With a Spirit*, Gateway, 2003.
Fiore, Edith, *You Have Been Here Before: A Psychologist Looks at Past Lives*, Ballantine Books, 1979.
Fiore, Edith, *The Unquiet Dead: A Psychologist Treats Spirit Possession*, Ballantine Books, 1988.
Lawton, Ian, *The Book of the Soul: Rational Spirituality for the Twenty-First Century*, Rational Spirituality Publishing, 2004.
Modi, Shakuntala, *Remarkable Healings: A Psychiatrist Uncovers Unsuspected Roots of Mental and Physical Illness*, Hampton Roads, 1997.
Modi, Shakuntala, *Memories of God and Creation: Remembering from the Subconscious Mind*, Hampton Roads, 2000.
Newton, Michael, *Destiny of Souls: New Case Studies of Life Between Lives*, Llewellyn, 2000.
Newton, Michael, *Journey of Souls: Case Studies of Life Between Lives*, Llewellyn, 1994.
Newton, Michael, *Life Between Lives: Hypnotherapy for Spiritual Regression*, Llewellyn, 2004.
Ramster, Peter, *The Truth about Reincarnation*, Rigby, 1980.
Ramster, Peter, *The Search for Lives Past*, Somerset Film & Publishing, 1992.
Stevenson, Ian, *Twenty Case of Suggested Reincarnation*, University Press of Virginia, 1974.
Stevenson, Ian, *Where Reincarnation and Biology Intersect* (short version of two-volume *Reincarnation and Biology*), Praeger, 1997.
TenDam, Hans, *Exploring Reincarnation*, Rider, 2003.
Tomlinson, Andy, Die Seele heilen (*Healing the Eternal Soul: Insights from Past Life and Spiritual Regression)*, From the Heart Press, 2012.
Wambach, Helen, *Reliving Past Lives: The Evidence Under Hypnosis*, Hutchinson, 1979.
Wambach, Helen, *Life Before Life*, Bantam, 1979.
Weiss, Brian, *Many Lives, Many Masters*, Piatkus, 1994.

Whitton, Joel, and Fisher, Joe, *Life Between Life*, Warner Books, 1988.
Woolger, Roger, *Other Lives, Other Selves: A Jungian Psychotherapist Discovers Past Lives*, Bantam, 1988.

Index

Ältere 122, 149, 162, 170, 171, 173, 176, 177, 178, 193, 200, 210, 212, 215
Altruistisches Leben 210
Amnesie 4, 100, 189, 191, 213
Anhaftungen 70, 210
Astral Ebene 210
Cannon, Dolores 220
Emotionale Lektionen 210
Fluidität/Variabilität 210
Fragmentierung 214
Gefangene-Seelen-Energie/Geister 211
Geister 211
Geistige Welt 33, 79, 211
Guide 109, 132, 133, 135, 136, 139, 141, 142, 143, 145, 146, 147, 149, 153, 160, 166, 168, 171, 173, 174, 175, 177, 180, 193, 194, 207, 211, 212
Heilung 3, 6, 33, 34, 35, 36, 38, 39, 40, 41, 43, 44, 49, 51, 52, 55, 57, 58, 64, 66, 67, 77, 87, 91, 104, 181, 197, 199, 207, 209
Holographische Seele 211
Hypnose 3, 4, 8, 212
Index 4
Karma 159, 211
Kernenergie 210, 211, 214
Konzil 78, 144, 145, 149, 210, 212
Körperliche Traumen 212

Leben zwischen Leben 1, 150, 198, 199, 212
Lebensplanung 4, 123, 144, 146, 151, 155, 212
Lebensrückschau 63, 64, 69, 212
Lebensweg 212, 214
Lektion 99, 108, 123, 140, 153, 160, 161, 164, 165, 214
Lernen 4, 85, 106, 115, 159, 160, 167, 173, 198
Lichtwesen 44, 79, 82, 84, 104, 118, 145, 165, 212
Modi 204, 209, 217, 220
Newton, Michael 220
Quelle 8, 16, 89, 115, 116, 119, 130, 205, 209, 211, 214
Ramster, Peter 220
Regression 3, 6, 7, 9, 10, 11, 12, 13, 16, 19, 24, 29, 31, 32, 93, 96, 203, 212, 214, 220, 224
Schichten ablegen 213
Schichten anlegen 4, 179, 183, 209, 213
Schleier der Amnesie 4, 189, 213
Seele 3, 1, 6, 8, 18, 23, 27, 30, 32, 33, 39, 42, 45, 46, 47, 49, 50, 51, 54, 55, 56, 59, 61, 62, 63, 67, 68, 70, 74, 76, 79, 85, 92, 93, 94, 98, 99, 102, 103, 113, 124, 126, 128, 131, 132,

144, 148, 152, 155, 160, 163, 164, 167, 169, 170, 171, 174, 182, 185, 186, 187, 188, 189, 191, 198, 201, 210, 211, 212, 213, 214
Seelengefährte 143, 161
Selbstmord 30, 35, 55, 57, 76, 77, 78, 146
Spezialisierung 115, 209, 214
Spirituelle Regression 214
Tod 1, 6, 15, 16, 17, 18, 19, 23, 24, 27, 30, 32, 34, 36, 40, 47, 48, 49, 61, 63, 73, 74, 79, 82, 85, 91, 94, 143, 161, 173, 197, 198, 210, 211
Trauma 52, 54
Trigger 4, 128, 151, 162, 212, 214
Vorleben 1, 3, 4, 5, 7, 8, 12, 13, 19, 22, 27, 38, 55, 56, 57, 62, 67, 69, 72, 75, 81, 86, 87, 90, 128, 133, 135, 139, 145, 155, 205, 212
Weise 8, 34, 35, 41, 61, 68, 69, 80, 82, 83, 92, 114, 117, 125, 135, 140, 154, 161, 167, 169, 174, 195, 199, 210, 215
Willkommen 26
Zwischenleben 3, 4, 6, 7, 8, 9, 10, 11, 12, 17, 22, 28, 29, 31, 32, 77, 78, 86, 89, 90, 93, 96, 99, 102, 107, 121, 126, 139, 150, 157, 160, 163, 166, 188, 189, 195, 196, 197, 198, 199, 200, 204, 205, 207, 209, 210, 211, 212, 213, 214, 215

Information zum Autor

Andy Tomlinson hat Psychologie studiert und ist niedergelassener Psychotherapeut. Er hat Ausbildungen in Ericksonscher Hypnotherapie und Regressionstherapie erworben und ist ein durch das *International Board of Regression Therapy* zertifizierter Therapeut für Rückführungen. Er hat eine vom Michael Newton Institut zertifizierte Ausbildung für Leben-zwischen-Leben Therapien absolviert. Andy leitet seit 1996 eine international anerkannte Privatpraxis für Regressionstherapie. Er ist Ausbildungsleiter der *Past Life Regression Academy* und Gründungsmitglied sowohl der *Spritual Regression Therapy Association* als auch der *Earth Association of Regression Therapy*. Er ist der Autor von Die Seele heilen (*Healing the Eternal Soul*) und hat die wissenschaftlichen Daten für Ian Lawtons Buch *Wisdom of Souls* beigesteuert, die beide wichtige Beiträge auf dem Gebiet der Leben-zwischen-Leben Regression darstellen. Er unterrichtet, lehrt und hält weltweit Vorträge. Mehr Informationen über Andy oder seine Ausbildung können über seine Website: *www.regressionacademy.com* abgerufen werden.

Die Seele Erkunden

www.ingramcontent.com/pod-product-compliance
Lightning Source LLC
Chambersburg PA
CBHW050534300426
44113CB00012B/2087